Führung? Was ist das denn?

Heike Dresel

Führung?
Was ist das denn?

Bibliografische Information der Deutschen Nationalbibliothek:
Die Deutsche Nationalbibliothek verzeichnet diese Publikation
in der Deutschen Nationalbibliografie; detaillierte bibliografische
Daten sind im Internet über http://dnb.dnb.de abrufbar.

© 2014 Heike Dresel
Satz, Umschlaggestaltung, Herstellung und Verlag:
BoD – Books on Demand, Norderstedt

ISBN 978-3-7357-5464-6

Inhaltsverzeichnis

1. Es war einmal … 7
2. Miteinander – Gegeneinander – Füreinander 9
3. Abenteuer Kommunikation 27
4. Konfliktkompetenz 69
5. Führung oder Verführung 79
6. Literaturempfehlungen 85

1. Es war einmal …

Es war einmal … Ja, genau so fangen die Märchen an, und so war es auch hier.

Es war einmal ein junger Prinz, der glücklich in seiner Burg lebte und genau wusste, was er auf keinen Fall werden wollte: König! Denn er liebte seine kleine geordnete Welt.

Er las am liebsten technische Zeitschriften und Bücher mit den neusten Beschreibungen von Erfindungen, mit denen sich sein Burgleben noch rationeller und effektiver gestalten ließ. Hier strahlten seine Augen, und seine Energie steckte die ganze Burgmannschaft an. Erst kürzlich hatte er die alte Zugbrücke so repariert, dass sie jetzt ganz schnell und leise herabgelassen werden konnte.

Auch die Prinzessin auf dem Schloss gegenüber hatte ihn schon oft mit dem Fernrohr beobachtet und oft schon ein „Ach!" geseufzt. Aber das ist eine ganz andere Geschichte.

Zurück zu unserem jungen Prinzen: Der alte König hatte vor, sich auf seiner Ferieninsel zur Ruhe zu setzen, und dachte sich: „Hm, mal sehen, wie mein Prinzlein noch besser werden kann, auf dass er dereinst mein Reich führen kann." Gesagt, getan …

Es wurden Boten ins Land geschickt, um alle Magier und Zauberinnen, Gelehrte und die weisen Frauen des Landes einzuladen, den Prinzen darin zu unterweisen, wie er seine Untertanen glücklich und friedvoll regieren könne, um in den Stürmen der folgenden Jahre ohne Kraftanstrengung den Überblick zu bewahren.

Und so wurde der Prinz bei der wöchentlichen Audienz informiert, dass er für eine zukünftige Regierungstätigkeit ausgebildet werden sollte. Doch verstanden hat er seinen König nicht, und einverstanden war er schon gleich mal gar nicht: „Und was habe ich denn dann davon, dass ich das alles weiß? Will ich denn überhaupt Neues und auch Unbekanntes, ja sogar unbequeme Denkanstöße? Kann denn nicht einfach alles so bleiben, wie ich es gewohnt bin? **Führung? Was ist das denn?**"

Darauf gab es dann schon den ersten philosophischen Einwurf des Hofnarren:

„Es ist nicht gesagt, dass es besser wird, wenn es anders wird. Wenn es aber besser werden soll, muss es anders werden."

(G. C. Lichtenberg)

2. Miteinander – Gegeneinander – Füreinander

Es wurde gelost, wer mit der Unterweisung des widerspenstigen Prinzen beginnen sollte, und siehe da, der hochgeachtete Horus, Meister der besten Zauberschwertschule des Landes, zog die Nummer 1.

Um den zukünftigen König überhaupt für sein Thema zu begeistern, begann er eine kleine Geschichte zu erzählen:

„Stell dir vor, du sollst einen Schatz aus dem Gebiet der neuen Drachenhöhle bergen, und nur du allein mit etwa zehn deiner besten Ritter und Knappen können die Feuerdrachen überlisten oder gar zähmen. Um aber die Ungeheuer dazu zu bringen, das zu tun, was du willst, brauchst du einen eingespielten Trupp von Gefolgsleuten, die zu dir stehen. Doch was macht so eine Gruppe aus? Hast du dir schon einmal überlegt, wie so eine effektive Gruppe definiert werden könnte?"

„Ja, das ist einfach", anwortete der Prinz, „die Merkmale einer Gruppe sind doch:
a) die Mitgliederzahl, z. B. einer Kleingruppe: drei bis sagen wir mal acht bis zehn Personen
b) Grad der Gemeinsamkeit bezüglich der Zielerreichung
c) die Zeit, die wir zusammen arbeiten
d) Sind wir durch gemeinsame Beziehung miteinander verbunden? Gibt es ein Zugehörigkeitsgefühl?
e) Welche Normen und Wertehaltungen existieren ?
f) Gibt es eine Gruppendynamik? Denn Gruppenprozesse veranlassen den Einzelnen, ganz andere Verhaltensweisen zu zeigen, als er das als Individuum tun würde. Dieses Phänomen ist schön beobachtbar, z. B. beim alljährlichen Ritterturnier.

„*Richtig! Dann hast du sicher schon die Phasen einer Gruppenbildung erlebt. Überlege dir doch spaßeshalber einmal, in welchen Schritten sich, zum Beispiel in deiner zuückliegenden Ausbildung zum Drachenzähmen, die Internatsklasse zu einer echten Klassengemeinschaft gemausert hatte!*
Jetzt schau mal die Tabelle an und ordne dem jeweiligen Oberbegriff die RICHTIGE *Beschreibung zu!*"

1)	Orientierungsphase	?	zwischenmenschliche oder gruppenbezogene Differenzen sind ausgestanden / gegenseitiger Respekt / Vertrauen / Wir-Gefühl.
2)	Abgrenzungsphase	?	Rollen und Normen sind akzeptiert. / „ sich einbringen" / Die anstehenden Aufgaben / Ziele werden in Angriff genommen.
3)	Klärungsphase	?	erste Kontakte aufnehmen / Ankommen / „sich zeigen"
4)	Leistungsphase	?	Meinungsverschiedenheiten ausgelöst durch unterschiedl. Bedürfnisse, Verhalten, Werte / Kompromisse bezügl. Regeln u. Verhaltensnormen / Rollenverteilung
5)	Abschiedsphase	!	(als schmerzlich empfundener) Trennungsprozess wird z.B. durch Rituale auf individuelle Zukunftsplanung ausgerichtet

<u>Lösungshinweis:</u>   1:c   2:d   3:a   4:b   5:e

Und jetzt denk daran: Eine Gruppe besteht nicht nur aus Personen und einem Beziehungsgeflecht zwischen ihnen.

Mindestens ebenso wichtig für die Gruppe sind bestimmte Normen. Die Mitglieder einer Gruppe müssen bestimmte Werte, Verhaltensweisen und Einstellungen teilen, die diese Gruppe von anderen unterscheidet.

Wer neu in diese Gruppe kommt, muss sich diese Normen zu eigen machen; sonst gibt es Konflikte.

Das Tückische daran ist, dass viele von ihnen auf den ersten Blick nicht als solche zu erkennen sind. Aber gerade diese verdeckten Normen oder auch „ungeschriebenen Gesetze" sind meist besonders wichtig. Ungestraft darf kein Gruppenmitglied dagegen verstoßen. Und was die Sache noch erschwert: Diese Normen, Verhaltensweisen oder Einstellungen können einem Außenstehenden vollkommen willkürlich oder trivial erscheinen. Gerade neue Gruppenmitglieder laufen Gefahr, *unabsichtlich* gegen diese verdeckten Spielregeln, Normen, zu verstoßen. Sie sind dann von der Heftigkeit der Reaktionen überrascht, reagieren mit Unverständnis und versuchen, erfolglos, argumentativ dagegenzuhalten. Deshalb sei besonders behutsam, wenn du glaubst, mit einer solchen Gruppennorm in Konflikt geraten zu sein.

„Nun, mein Prinz, wie würdest du eine Situation wie die folgende von Anfang an entschärft haben?"

Der neue Ritter Max mag keine Wettspiele um Geld. Deshalb hält er sich bei den Pferderennen oder Wettkämpfen zurück und verliert oder gewinnt auch nie. Für die anderen hat der Spaß aber eine zusätzliche Bedeutung: Jeder, der gewinnt, zahlt die Hälfte seines Gewinns an die Gemeinschaftskasse zurück, denn von den so erzielten Zusatzeinnahmen soll im Sommer das Essen zum Johannisfeuer mitfinanziert werden. Max fühlt sich irgendwie nicht ganz wohl dabei und zahlt demonstrativ 20 Taler ein. Doch seine Ritterkollegen winken nur ab, weil ...?????

Als die Zugbrücke repariert werden sollte, hast du für die Bearbeitung bestimmter Aufgaben spezielle Arbeitsgruppen gebildet, deren Mitgliedern ein gemeinsames Arbeitsziel zugewiesen wird, z. B. eine Reparaturarbeit der Ketten und Seile. Damit alles so abläuft, wie du es in der Arbeitsvorbereitung geplant hast, braucht man also eine „formelle" Organisation. Dieses bewusst geschaffene, für den Betriebszweck geplante Gebilde ist also eine formelle Gruppe, deren Ziel auf den ökonomischen Arbeitserfolg ausgerichtet ist.

Die Effizienz einer solchen Gruppe wird zwar durch die Gruppenmitglieder selbst, aber auch stark durch die Persönlichkeit der Führungskraft beeinflusst; diese muss u. a. für Klarheit und Struktur sorgen.

Gruppen, die sich spontan zusammenschließen, sind sogenannte informelle Gruppen. Der Zusammenschluss erfolgt aus unterschiedlichsten Motiven, wie ähnliche Tätigkeit am Hof oder gleiche Interessen (z. B. Minnesang) oder gemeinsame Hobbys (Pferde, Falken, Waffentechnik …).

Je nach ihrer Einstellung zur Markgrafschaft, zum Fürsten oder zum Drachenzähmen können diese informellen Gruppen förderlich oder störend sein.

So, dann füllen wir hier mal die Tabelle aus, nämlich bezüglich a) bzw. b):

a) ... gute Seiten informeller Gruppen ...	b) ... mögliche störende Wirkung informeller Gruppen ...
✓ Teamfähigkeit	– zu privat
✓ ...	– ...
✓ ...	– ...
✓ ...	– ...

Eine Person ist logischerweise gleichzeitig Mitglied einer Vielzahl von Gruppierungen. So sind Überschneidungen möglich, wenn einige Mitglieder einer Gruppe zugleich einer oder mehreren weiteren Gruppen angehören und andere Mitglieder sich in dieser Gruppe zusammenfinden.

Dies kann zu Konflikten in Bezug auf die Intensität der Gruppenzugehörigkeit führen.

Jedes Mitglied einer Gruppe spielt eine Rolle. Darunter versteht man die Verhaltensmuster, die im Rahmen der Gruppe von jedem Einzelnen angenommen und gezeigt werden; diese sind vielfach von der Funktion und der damit verbundenen Tätigkeit bestimmt. Die unterschiedlichen Anforderungsgrade bezüglich der gewählten oder angenommenen Rolle(n) werden auch grundsätzlich von dem eigenen Selbstbild bestimmt.

Die Aufgabe als weiser Regent, als Führender, ist es demnach, die unterschiedlichen Rollen bewusst wahrzunehmen und gegebenenfalls das Verhalten gegenüber einzelnen Gruppenmitgliedern zu differenzieren.

„Meine? Deine? Echte? Zugewiesene? (Un-)Freiwillig angenommene? Rolle oder Nicht-Rolle? Ja, das ist die Frage!"

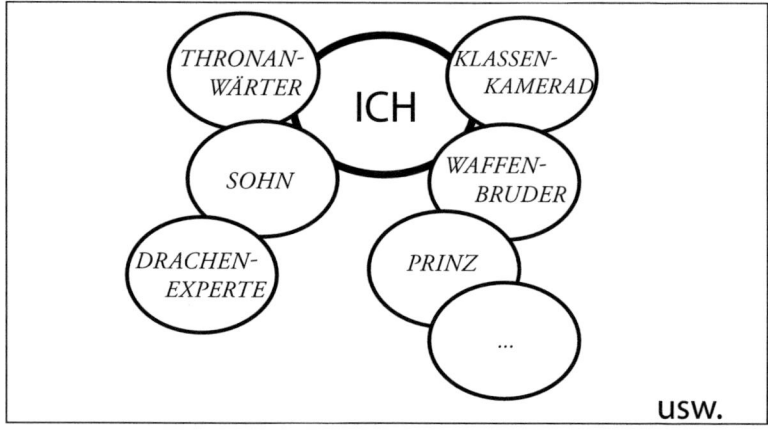

Interessanterweise baut jede Gruppe eine eigene Rangfolge ihrer Mitglieder auf. Es werden informelle Hierarchiebeziehungen geschaffen, die meist nicht mit der formellen Hierarchie übereinstimmen und die auch davon abhängen, welche Gruppenposition der Einzelne innerhalb der Gruppe wählt und/oder welche ihm aufgrund seiner Persönlichkeit zugeordnet wird.

Diese Positionen sind nicht statisch zu sehen, sie können sich jederzeit verändern. Jeder Rang unterliegt gewissen Verhaltenserwartungen, denen sich das Gruppenmitglied, auch unbewusst, unterordnet.

Rollenkonflikte entstehen durch widersprüchliche Erwartungen an die Rolle einer Person, es bestehen also unterschiedliche Beziehungserwartungen, d. h., wenn die Erwartungen anderer an eine Person unvereinbar mit deren Grundüberzeugungen sind.

Hier nun eine Standardauswahl von Rollencharakteristika, die in Gruppen, je nach Größe, besetzt werden können, aber nicht müssen:

Gruppenführer/Informeller Führer

... hat ein ausgeprägtes Selbstbewusstsein, setzt Gruppenziele, kann argumentativ überzeugen. Er ist angesehen in der Gruppe. Er setzt sich ein und ist engagiert. Hat eine hohe Sozialkompetenz. Negativ könnte sich auswirken, wenn er seinen direkten Vorgesetzten als Konkurrenten ansieht und beginnt, dessen Autorität zu bezweifeln.

Graue Eminenz

Er ist meist für das Zwischenmenschliche zuständig. Diese zweite Führungsrolle ist nicht sofort erkennbar und könnte dann unangenehm werden, wenn er seine Position so weit gefestigt hat, dass keine Entscheidung ohne sein Wohlwollen umgesetzt werden kann.

Fachidiot

... genießt fachlichen Respekt. Ist oft mit einer Persönlichkeitsstruktur belastet, die ihn unwissentlich daran hindert, sich am Gruppenleben zu beteiligen; er isoliert sich unbewusst selbst.

Opponent/Schwarzseher/Querulant

Entweder ist er auf der Suche nach Anerkennung oder er ist ein „Perfektionist", der überängstlich auf Veränderungen reagiert. Eine schwierige Variante ist der Querulant, der aus Prinzip als Widerständler auftritt. Hier liegen die Beweggründe eher in unterschwelligen Rivalitäten.

SPASSVOGEL
... meist ein intelligenter scharfsinniger Zeitgenosse, der, positiv verstanden, das Gruppenleben bereichert, weil er Konfliktsituationen intuitiv entschärfen kann. Bei negativer Grundeinstellung wirkt er leider destruktiv. Man muss dann mäßigend eingreifen und eventuelle Grenzverletzungen sanktionieren.

MITLÄUFER
... haben keine eigenen Ideen.
... können sich in geltende Normen gut einfügen.
... sind vordergründig erstmal bequem, wenn er jedoch sein „Fähnchen in den Wind hängt", sollte man bei diesem eher harmoniesüchtigen Typen seinen persönlichen Meinungsbildungsprozess unterstützen.

OPFERLAMM
... ist eine eher unangepasste Außenseiterrolle
... oft schwache Gruppenmitglieder, auf die Schuld abgeschoben wird, weil sie sich nicht wehren können. Vorsicht: Mobbinggefahr!!

„*Nun, mein Prinz! Welche zielführende Strategie ist für welche Rolle zu wählen?*"

Informeller Führer	?	Ermutigen; fördern; loben, positive Erfolgserlebnisse verschaffen, Selbstvertrauen
Neuling	?	Ursachen erforschen; offenen Dialog suchen; negatives Verhalten sofort ansprechen und unterbinden; Sanktionen androhen/durchführen
Opponent	?	Seine konstruktive, sachliche Kritik für positive Verbesserungen verwenden. Keine destruktive Kritik aufkommen lassen.
Intrigant	?	um weiterhin vertrauensvoll mit allen agieren zu können, seine „Aktionen" freundlich entlarven, um der Gruppe zu zeigen, dass seine Strategie durchschaut ist
Besserwisser/Angeber/ Wichtigtuer	?	*Fördern, anerkennen, in eigene Führungsarbeit mit einbinden*
Schüchterner	?	Nicht provozieren lassen; Aussagen hinterfragen
Schmeichler	?	Fördern, anerkennen, in eigene Führungsarbeit mit einbinden

Lösungshinweis: 1:e   2:g   3:c   4:b   5:f   6:a   7:d

„So, nun komm, wir versuchen ein visualisierendes Strukturbild bzw. ein sogenanntes Soziogramm zu zeichnen, indem wir analysieren, welche gruppendynamischen Prozesse in folgender Szene ablaufen.

Und dann überlegen wir uns, wie der Hauptmann beim nächsten Mal agieren könnte, um zukünftig Spannungen in den Griff zu bekommen."

Für den heutigen Tag ist vorgesehen, dass die Burgmauerinstandhaltertruppe sieben Scharniere und zwei Klappen wechseln. Da der Austausch der Scharniere sicherlich keine unvorhersehbaren Probleme bereiten wird, beauftragt der Hauptmann mit dieser Arbeit Sigisbert und Klarius. Den Klappenwechsel soll dann der erfahrene Mechanikus Carlos übernehmen, da er auch bei der Montage letztes Jahr mit dabei war. Ihn sollen die beiden gerade von der Nachbarburg übernommenen Pagen, jetzt Knappen, Linus und Daniel, unterstützen. Linus und Daniel trainieren und spielen gemeinsam mit den Pagen Heinrich und Franziskus, die auch zum Burgmauerinstandhaltungsteam gehören, im hiesigen Faustballverein. Heinrich und Franziskus sind auf den Hauptmann nicht gut zu sprechen, da er die beiden im letzten Jahr wegen wiederholten Zuspätkommens abgemahnt hatte. Außerdem sind sie der Meinung, dass er sowieso nichts von Faustball verstehe. Anders ist das mit Carlos, er ist der Trainer und hat schon mal ein Auge zugedrückt, wenn sie montags nach einem Auswärtsfreundschaftsturnier nicht superpünktlich waren. Heinrich und Franziskus dürfen heute beim Klappenwechsel helfen. Carlos ist mit Norbert von der Burggrabenabteilung gut befreundet, man trifft sich auch privat zum Bierchen oder zum Kartenspielen. Beide sind der Auffassung, dass Carlos bei Norbert schon längst die Vorarbeiterposition bekommen hätte. Heute muss der Hauptmann sogar improvisieren, denn Edwin, ein älterer, erfahrener, leider etwas verschrobener Schlosser hatte sich krank gemeldet. Das erscheint dann doch merkwürdig, denn erst Ende letzter

Woche hatte ihm Linus wiederholt einen Streich gespielt. Diesmal hatte er dem korrekten Edwin seine komplette Werkzeugbank umsortiert. Wider Erwarten läuft der Klappenwechsel reibungsloser und zügiger, dafür scheint es beim Scharnierwechsel doch irgendwie nicht so zu funktionieren. Als der Hauptmann dies beim Kontrollgang feststellt und selbst mithelfen will, bemerkt er, dass nur noch Klarius am Werkeln ist. Denn Sigisbert hatte Carlo schon vor einer Stunde zu sich gerufen. Später meint Sigisbert, er habe es ja gleich gewusst, dass der Hauptmann wieder einmal alles völlig falsch angegangen und geplant habe.

„Ja, aber ...", *das waren die Lieblingsworte des Prinzen, „ja, aber was mache ich, wenn ich einen ganz neuen Burschen ins Gefolge aufnehmen will? An was sollte ich denn alles denken? Und, oh, komm, erzähl mir doch wieder eine Geschichte ...!" Und freudig setzte er sich vor das knisternde Kaminfeuer und lauschte den Worten des weisen Horus: „Heute soll ..."*

Heute soll Ferdinand Hummel (19 Jahre alt) das erste Mal in der Burgküche arbeiten. Bisher war er als Hilfsarbeiter im königlichen Wald tätig. Jetzt soll Ferdinand in der Küche als Küchenjunge eingesetzt werden. Der Burgwächter will ihn zuerst gar nicht einlassen, denn er kennt ihn ja nicht. So muss Ferdinand ihm erst lang und breit erklären, was er will. Der Wächter blättert erst mal umständlich in den Tagesbefehlen, lässt ihn dann zögerlich passieren. Nach Erledigung der Formalitäten beim Castellan Hans versucht man, den Kellermeister Thomasius zu erreichen. Als man ihn endlich gefunden hat, stellt sich heraus, dass Kellermeister Thomasius sich des Neulings noch nicht annehmen kann. Er muss zu einer schon lange festgesetzten Festbankettvorbesprechung, die voraussichtlich mindestens zwei Stunden dauern wird.
Als Retter in der Not findet sich fürs Erste der königliche Steuereintreiber, Graf von und zu Pfennig. Er nimmt sich des Neulings an. Er erklärt ihm die Vorjahresbilanz der Ländereien, wobei er insbesondere auf die Sachanlagen und das Umlaufvermögen eingeht und die wirtschaftlichen Kennziffern erläutert, denn Graf von und zu Pfennig ist der Ansicht, dass jeder, der für die Herrschaft arbeitet, darüber Bescheid wissen müsse, damit sich Kostenbewusstsein durchsetzt.
Nach etwa einer Stunde wird Ferdinand zum Hofapotheker Sorgsam geschickt, einem freundlichen, aber sehr peniblen Endfünfziger. Er arbeitet gerade an dem Problem, die optimale Kräutermischung für das neue Pülverchen gegen Magenschmerzen durch entsprechende Zusatzstoffe und geeignete Füllstoffe zu verbessern. Ferdinand versucht, den Erläuterungen zu folgen. In der Zwischenzeit wird Thomasius von

der Besprechung zurückgemeldet. Er zeigt sich verwundert, dass Ferdinand noch nicht in seinem Bureau sitzt.
Schleunigst macht sich Ferdinand auf den Weg, den er sich vorher von Sorgsam erklären ließ. Zehn Minuten später trifft er beim Kellermeister Thomasius ein. Er hatte sich im Burggelände verlaufen und musste sich erst durchfragen. Thomasius wartet schon ungeduldig und sichtlich nervös auf ihn.
Sofort geht er mit Ferdinand an seinen neuen Arbeitsplatz in der Schlossküche. Dort gibt er dem Austauschkochlehrling aus dem fernen Morgenland den Auftrag, sich um Ferdinand zu kümmern. Beide verständigen sich mit Händen und Füßen, also eher schlecht als recht. Schon nach kurzer Zeit steht Ferdinand am neuartigen Fließband, das ruckelnd Brennholz oder schwere Lebensmittel in die Küche bringt, und schleppt alles auf die Regale. Mit einer Kneifzange löst er die Drähte und Schnüre der Brennholzbündel.
Mit unwohlem Gefühl geht Ferdinand abends nach Hause. WARUM????

Vor Freude klatscht der Prinz in die Hände. Das war ja lustig und ihm sind viele Merkwürdigkeiten aufgefallen.

Denn vieles hätte er doch besser gemacht oder gleich im Vorfeld organisiert, nämlich ...

- ...
- ...
- ...
- ...
- ...
- ...
- ...
- ...
- ...

Ab sofort, beschließt er, wird es in seiner Burg eine Checkliste für die Neuen geben, wo alle wichtigen Stationen, Regelungen aufgelistet und von den Verantwortlichen abzuarbeiten sind!

Checkliste Checkliste Checkliste Checkliste
Checkliste Checkliste Checkliste Checkliste
Checkliste Checkliste Checkliste Checkliste
Checkliste Checkliste Checkliste Checkliste
Checkliste Checkliste Checkliste Checkliste

Er überlegt sich, dass ja für einen Neuling alles unbekannt ist. Aber auch für die, die schon lange bei ihm arbeiten. Vermutlich haben alle erst mal Berührungsängste oder auch Vorbehalte:

a) Was erwartet eine bestehende Gruppe vom Neuling? Welche Befürchtungen sind (unterschwellig) vorhanden?
b) Was erwartet der Neue von einer bestehenden Gruppe? Welche Befürchtungen sind (unterschwellig) vorhanden?
c) Was kann ich tun, um die Situation zu entschärfen? Was kann ich tun, um die Einarbeitung bzw. Integration zu erleichtern?

„Oje, oje, wie muss meine riesige Burganlage und das Geschehen in ihr wirken? Oft unübersichtlich. Dies wird durch z. B. Arbeitsteilung, durch die Organisation der einzelnen Betriebshöfe, wegen verzweigter Organisation und/oder räumlicher Trennung verursacht. Wahrscheinlich kann der Einzelne vielfach die Zusammenhänge nicht erkennen oder es bleiben wichtige Einzelheiten unbekannt. Ganz schlimm wird es, wenn er auf fragwürdige Quellen angewiesen zu sein scheint."

Deshalb nimmt sich der Prinz vor, dass ab sofort alle Sachinformationen …
- ✓ vollständig und richtig sind.
- ✓ zur Vermeidung von Missverständnissen klar, also eindeutig, formuliert wird.
- ✓ so ausführlich sind, dass Rückfragen quasi unnötig werden.
- ✓ wiederholt werden.
- ✓ rechtzeitig und offen verkündet werden (auch bei unangenehmen Nachrichten).
- ✓ direkt weitergegeben werden.

Effekt:
- Unkontrollierte Meinungsbildung/Gerüchte/Stimmungsmache wird vermieden.
- Das Vertrauen zum Regenten wird gestärkt.
- Die Burgbewohner fühlen sich in Entscheidungsprozesse einbezogen.
- Information bewirkt Identifikation.

Gerade fällt ihm ein, dass seine nächste Lehrstunde bevorsteht und er seine „Hausaufgabe", „Schreibe eine Stellungnahme zur folgenden Behauptung …", noch gar nicht gemacht hat. Nämlich: „Was von dir gesagt wurde, ist noch nicht gehört, vom Anderen noch nicht verstanden, hat noch nicht seine Zustimmung und wird außerdem noch lange nicht umgesetzt oder schlussendlich beibehalten."

Aber zunächst muss er noch mit dem Burgherold folgende Fragen analysieren:
a) *Welche Arten der Informationsweitergabe kennen wir? Welche nutzen wir?*
b) *Welche sind die erfolgreichsten? Warum wohl?*
c) *Wann wird eine Informationsweitergabe scheitern?*

Ja, und der inflationäre Gebrauch von manchen Wörtern verbietet sich nunmehr von selbst. Hatte er doch heute Morgen erst von seiner Prinzessin per Brieftaube ein Zettelchen mit einem fetten Smiley zum Thema Informationsweitergabe bekommen, auf dem stand:

Eilt!	… ist morgen.
Eilt sehr!	… ist etwas vorrangiger zu behandeln!
Brandeilig!	… scheint wirklich sehr wichtig zu sein!
Sofort!	… besagt gar nichts.
Dringend!	… ist alles.
Schnellstens!	… arbeiten wir sowieso.

Bitte alle diese unbestimmten Angaben möglichst unterlassen, da sie bei zu häufiger Benutzung an Bedeutung verlieren!

Des Meister Horus' Zeit bei ihm war nun auch begrenzt und er drängte ihn zu folgender abschließenden Übung:

Welche Information würde der Prinz, z. B. bei der mittäglichen Audienz, weitergeben? Warum? In welcher Reihenfolge?

---

1. Die beiden Herolde Meir und Miller haben nächste Woche ihr 25-jähriges Jubiläum.
2. Der Cousin von der Nachbarburg teilt mit, dass in der königlichen Außengrenzturmanlage ein interessanter Posten frei wird; das Rennen entscheidet sich wahrscheinlich zwischen den Vettern Fritz und Paul.
3. Die König informiert: Der Marktanteil unseres neuen Zaubermedikaments „DesignFutura" wurde in den letzten drei Quartalen um 3 % gesteigert. Das heißt, hier wird verstärkt investiert, wahrscheinliche Investition im nächsten Jahr mindestens 300 000 Gulden.

4. Eisermann vom Burganlagenteam erhält eine Prämie von 5 Gulden für seinen Verbesserungsvorschlag.
5. Ein Bekannter aus der königlichen Personalabteilung teilt mit: Die Königin wird vermutlich nächstes Jahr 3 % ihrer Hofdamen vorzeitig verheiraten oder pensionieren.
6. Memo des Kellermeisters: Die Küchenmannschaft hat im letzten Monat 7 % mehr Ausschuss „produziert": Kuchen sind zusammengefallen, Salate waren überwürzt, die Soßen angebrannt usw.
7. Die Fehlzeiten im Burgmauer-Instandhaltungstrupp sind um 8 % höher als in allen anderen Bereichen.
8. Aussage des Rittmeisters: Wahrscheinlich werden nur 60 % der Stallburschenlehrlinge übernommen.
9. Die burgeigene Cantina bietet, auf Initiative des Schlosskaplans, ab sofort auch vegetarische Gerichte an.
10. In der Cantina wird ab Ende des nächsten Monats eine Halbtagsstelle frei.
11. Der Sicherheitsingenieur informiert: Im Bereich der alten Drachenhöhle sind ab sofort, wenn Inspektionen nötig sind, Schutzmasken zu tragen.
12. Linus Lupus, er war 38 Jahre lang der Jagdhundeführer, kürzlich in Rente gegangen, ist letzte Woche plötzlich verstorben.

Dankbar verabschiedete sich der Prinz vom Meister der Zauberschwertschule und war schon gespannt, was er von der Elfenkönigin lernen durfte.

3. Abenteuer Kommunikation

Die Elfenkönigin war überhaupt nicht erfreut darüber, dass sie bereits jetzt schon den ungestümen Prinzen unterrichten sollte. Aber ihrem alten Freund, dem König, zuliebe begann sie mit dem provokanten Zitat: „Du kannst nicht, dich nicht mitteilen!" Sie lächelte amüsiert, denn der Prinz schaute sie nun mit großen fragenden Augen an, war er doch davon überzeugt, er habe eine geschliffene Rhetorik und elegante Ausdrucksweise, und dann so etwas, komisch!

„Aha …", dachte er bei sich, und dann legte er los: „Ich kommuniziere auch dann, wenn ich nicht spreche … Hm, ja klar!"

Ja klar, das wusste er schon, nicht nur durch die Sprache (verbale Kommunikation, 7 %), auch durch Körpersprache (nonverbale Kommunikation, 55 %) und stimmliche Merkmale (vokale Kommunikation, 38 %) werden viele wichtige Informationen transportiert.

In einer empirischen Untersuchung hatte man sogar herausgefunden, dass der Anteil der nonverbalen plus vokalen Kommunikation zwischen 75 bis 80 % der gesamten menschlichen Kommunikation liegen kann.

Die Gründe liegen in unserer Evolutionsgeschichte: Die vorsprachliche Kommunikation war für das Leben, Zusammenleben und Überleben von größerer Bedeutung als das gesprochene Wort.

Es handelte sich also ursprünglich um einen reinen Überlebensinstinkt. Für unsere Vorvorvorvorfahren war diese Wahrnehmung lebensnotwendig, um bei Gefahr rechtzeitig flüchten oder gegebenenfalls auch angreifen zu können. Sie mussten innerhalb kürzester Zeit erkennen, ob vor ihnen ein Freund oder ein Feind an der Höhlentür stand.

Diese Entscheidung, also der berühmte erste Eindruck, braucht maximal drei Sekunden. Manche Wissenschaftler behaupten sogar, dass sich der erste Eindruck unter einer Sekunde abspielt (250 Millisekunden). Eines geht aus diesen Zeitangaben klar hervor: In solch kurzer Zeit muss der erste Eindruck richtig ausfallen, denn Zeit zum Korrigieren des ersten Eindrucks haben wir in dem Moment nicht. Der gängige Satz: „Der erste Eindruck bekommt keine zweite Chance", gewinnt mit dieser Tatsache noch mehr an Wertigkeit.

„Wobei? Hat nicht jeder eine zweite Chance verdient?"

Was nehmen wir also wahr? Den Blickkontakt, den Händedruck, die Distanz, die Körperhaltung, die Gestik, die Mimik, die Kleidung, Accessoires, die Frisur, Gerüche, und nicht zu unterschätzen ist die Stimme.

So lässt sich sehr leicht erklären, was dem Prinzen schon bei Staatsbesuchen als „Phänomen" bekannt ist, nämlich die Situation, in der sich jemand mit Händedruck vorstellt und wir uns sogleich ärgern und gleichzeitig wundern: „Wie heißt er noch mal? Gerade hat er doch seinen Namen ausgesprochen!" Unser Gehirn ist nun mal zu über 90 % damit beschäftigt, das Wahrgenommene innerhalb kürzester Zeit aufzunehmen und zuzuordnen. Für das inhaltlich Gesagte bleibt kaum „Platz" bei der Aufnahmefähigkeit.

Der Großteil der Signale und Botschaften, die wir ununterbrochen aussenden, ist unbewusst: Das bewusste Denken steuert vor allem die sprachliche Kommunikation. Einen Teil der Körpersignale können wir kontrollieren: Die Kontrollmöglichkeiten nehmen dabei von oben (Kopf) nach unten (Füße) ab. Übrigens: Umgekehrt wirkt auch eine bewusst gewählte Körperhaltung auf die Stimmung.

Diese Verständigungszeichen haben sich äußerst verfeinert und stark ausgeprägt, um Nähe und Distanz, Zuwendung und Ablehnung, Freundlichkeit oder Bedrohung, Angriff oder Flucht zu signalisieren.

Nonverbale Kommunikationsmittel sind:
- Blickkontakt
  Fangen wir beim Blickkontakt an. In unserer Kultur ist der Blickkontakt essentiell. Jemandem, der keinen Blickkontakt halten kann, werden schnell Charaktereigenschaften wie Unsicherheit und Schüchternheit zugesprochen. Wann empfinden wir den Blickkontakt unseres Gegenübers als angenehm?
- Mimik/Gesichtsausdruck
  Eine überzeugende Mimik erreicht man mit einem aufrichtigen Lächeln. Wir spüren sofort, wenn ein Lächeln aufgesetzt ist. Das uns bekannte „Leuchten in den Augen" bleibt dabei nämlich aus.
- Gestik
  z. B. Kopfnicken, offene Hand, verkreuzte Arme, Arme eng am Körper angelegt ... Alle Gestiken, die den Körper nicht verdecken, werden als offen und selbstbewusst wahrgenommen.
- Körperhaltung: offen, verdeckend, verklemmt, schief, gebeugt ...
- Stimme (!! nicht die Sprache) also:
  Lautstärke, Stimmlage, Modulation, Betonung, Sprechgeschwindigkeit
- Abstand zwischen den Partnern
  z. B.: Welche Distanz bzw. Nähe gilt wann noch als angemessen?
  z. B.: Der Händedruck wird bei uns als angenehm empfunden, wenn er kurz und bestimmt ist. Gerade beim Händeschütteln spielt die Distanz eine nicht zu unterschätzende

Rolle. Wir halten unbewusst stets eine gewisse Distanz zu unserem Gegenüber. Diese Distanz ist unsere Intimsphäre. Sie wird in unseren Breitengraden eine Armlänge betragen. Kulturell gibt es hier große Unterschiede, was schnell zu Missverständnissen führen kann.

Jetzt unterbrach die Elfenkönigin ihren fleißigen Schüler. Lächelnd bremste sie seinen Redefluss, denn hier war auch Vorsicht geboten:

- Während wir bei der verbalen Kommunikation auf unser Ohr angewiesen sind, konzentrieren wir uns bei der nonverbalen Kommunikation auf das Sehen. Die Kombination dieser beiden Mitteilungsarten ergibt ein hohes Maß an Möglichkeiten von Sende- und Empfangsinterpretationen.

- Dennoch ist sehr gefährlich, vorschnell die nonverbalen Signale zu deuten und aufgrund dessen den Sender auf bestimmte Verhaltensweisen festzulegen.
Die nonverbalen Botschaften sind zu vielfältig, als dass sie mit Sicherheit von uns Laien entschlüsselt werden könnten. Also **Vorsicht** mit Interpretationen, Zuschreibungen oder Festlegung nonverbaler Botschaften!!! Denn das nonverbale Signal kann unterschiedlich, ja sogar gegensätzliche Bedeutungen haben:

Was kann es bedeuten, wenn ein Staatsgast mit verschränkten Armen, etwas zurückgelehnt, am Konferenztisch sitzt?

? Er ist entspannt?
? Ihm ist langweilig?
? Ihm ist kalt?
? Der Stuhl ist zu niedrig/zu unbequem?
? Ist es eine seiner Marotten?

Eine weitere spannende Frage, die die Elfenkönigin ihm gerne beantwortet, war: Was ist eigentlich Sprache? Was beeinflusst sie? Gibt es eine prägnante Formel?

Sprache? Was ist das? Sind das die ausgesprochenen Worte, also die Buchstabenkombination plus Syntax, die man hören kann? Ja und nein, denn das Hören ist eigentlich recht einfach.

Viel anspruchsvoller ist es aber, die gesamte Botschaft des Gegenübers zu verstehen, zu decodieren, neben der verbalen Information muss nämlich auch die nonverbale Botschaft mitberücksichtigt werden.

Interessanterweise bewegt man sich bei ca. 20 % eines Gesprächs auf der SACHEBENE und schickt Botschaften aus dem Reich der Zahlen _ Daten _ Fakten!

Um den Kommunikationsprozess noch besser zu verstehen, ist es jetzt wichtig zu berücksichtigen, dass wir nicht nur sachliche Informationen austauschen, sondern eine zweite Ebene, die sog. BEZIEHUNGSEBENE, das Gespräch maßgeblich beeinflusst.

Der Prozess des Sendens und Empfangens einer gesendeten Botschaft ist eine Herausforderung an unsere sog. emotionale Intelligenz; sie bedarf einer gewissen Menschenkenntnis, eines Einfühlungsvermögens/Empathie und Selbsterkenntnis, zudem noch eines hohen Maßes an Konzentration, um Missverständnissen, also Fehlern beim Decodieren, keinen Raum zu geben.

Deshalb ist es ganz wichtig, dass ich mich immer wieder daran erinnere, dass der Sender für den Erfolg einer Kommunikation verantwortlich ist.

Daraus folgt: Wir sollten immer wieder und immer mehr versuchen, eindeutig zu kommunizieren. Ich vergewissere mich, dass der Andere mich richtig verstanden hat, und im Zweifelsfall gehe ich davon aus, dass ich für das Missverständnis verantwortlich bin.

Fazit: Die wahrgenommene Nachricht ist ein Machwerk des Empfängers! Als Sender wissen wir nicht, was wir beim Empfänger anrichten!
Darum gilt: Wahr ist nicht, was ich sage. Wahr ist, was der andere hört! Denn jede Wahrheit ist subjektiv. Jeder erlebt die Situation aus seiner Perspektive. Deshalb: Im Zweifelsfall haben beide Recht!

Unser Kommunikationsverhalten können wir uns wie einen Eisberg vorstellen, bei dem sich der überwiegende Teil unter Wasser befindet (+/− 80 %). Hier auf der Unterwasserebene entscheidet der Kommunikationseisberg, ob ein Gespräch gelingt; denn dort liegt die Beziehungsebene, die schließlich das Gespräch dominiert. Seine Indikatoren sind überwiegend Tonfall und alle Facetten der Körpersprache. Das gesamte Gesprächsklima wird dann von Gefühlen und Stimmungen beherrscht. Das Verstehen der gesendeten Botschaft wird also maßgeblich durch die emotionale Beziehung von Empfänger und Sender beeinflusst. Hier unter Wasser schlummern all meine und seine Ängste, Urängste, Verletzungen, Altlasten, Vor-Urteile, momentanen Gefühle und Befindlichkeiten.

Bin ich mir über mich selbst bewusst und dessen, dass wir eigentlich über dieses Medium kommunizieren, fällt es mir bestimmt immer leichter, nicht Opfer der Situation zu sein, sondern selbst zu entscheiden, ob und wie ich agieren bzw. reagieren will.

Schauen wir hin, sehen wir unserem Gegenüber doch mal in die Augen. Vielleicht dürfen wir noch ein kleines Stückchen tiefer blicken, und dann entdecken wir, dass das Gegenüber, bildlich gesprochen, einen mehr oder weniger großen, mehr oder weniger schweren Rucksack mit sich rumschleppt. Was alles in diesem Rucksack ist, werden wir wahrscheinlich nie erfahren. Aber manchmal lässt uns unser Gesprächspartner, wenn er sich bei mir emotional sicher fühlt, ein bisschen reinschauen. So weit, so gut, ich bringe mein Seelengepäck mit und der andere genauso, und je nach dem, wie und was und wann und ob und mit welchem Geschick ich formuliere, gelingt eine Kommunikation. Oder auch nicht!

„So denn, lieber Prinz, es bleibt also zusätzlich spannend, wie wohl der Umgang mit Menschen immer ein schönes Abenteuer ist."
„Dann sag mir, meine Elfenkönigin, dann gelingt mir Kommunikation wohl erst, wenn ich alle sechs oder sieben Unbekannten in der Gleichung *wer # sagt # was # wie # zu wem # warum # wann* gelöst habe?"
Da freute sie sich und schmunzelte, denn es schien so, als wage der Prinz die ersten tastenden Schritte auf dem langen Weg hin zu einem weisen Regenten.
Doch noch waren einige weitere „Unbekannte" in der menschlichen Kommunikation zu analysieren.

Wir kommunizieren ständig – sei es durch das Wort, den Blick oder die Körperhaltung. Missverständnisse und Missdeutungen einer Botschaft sind häufige Ursachen für Konflikte zwischen Menschen – ob im Berufsalltag oder privat.

Im Alltag kommt es so gesehen eher zu einem Aneinander-Vorbeireden, bei dem Sender und Empfänger die Botschaft unterschiedlichst aussprechen bzw. interpretieren. Kommunikation wird dann als störanfällig empfunden.

Ein Erklärungsmodell für dieses Phänomen geht auf den Kommunikationspsychologen Friedemann Schulz von Thun zurück. Sein Modell soll die Antwort auf die Frage liefern, warum Kommunikation so spannend bzw. spannungsgeladen ist.

Schulz von Thun entwickelte ein Bild, bei dem man sich vorstellt, dass alle Kommunikation vier Seiten hat, es also vier Möglichkeiten des Sendens und vier Arten des Hörens gibt. Deshalb wird in der Literatur oft vom sog. Vier-Ohren-Modell oder von den Vier-Seiten-einer-Nachricht gesprochen.

Köstlich ist auch die kleine Szene, frisch vom königlichen Frühstückstisch:

König: Annebel!
Königin: Oui, mon chéri! Ja, mein Schatz!
König: Der Pancake ist etwas braun!
Königin (schaut auf und schweigt und atmet hörbar aus)
König: Der Pancake ist braun!
Königin: Jaaa, ich bin nicht taub ...
König: Wie lange hast du ihn denn gebacken?
Königin: Deine Frühstücksgewohnheiten sind eh nicht gesund. Müsli, Obst, das wäre zuträglich, nicht das süße Zeug mit Cappuccino. Am Ende passt du nicht mehr in dein Gewand und der Hofschneider muss dir schon wieder neue Überkleider machen ... oder ... schlimmer noch, der Hofmedicus muss das neue Wundermittel an dir ausprobieren. Außerdem schnarchst du!
König: Ich meine, wie lange der Pancake gebraucht hat.
Königin: Du willst ihn doch durch haben ...
König: ... das weiß ich auch ...
Königin: ... dann frag nicht ...
König: ... aber ...
Königin: Ich backe dir jeden Morgen diese Dinger ...
König: Wieso sind sie dann mal zu hell, dann braun oder eher dunkel?
Königin: Sacrebleu, woher soll ich das wissen? Bin ich ein Waffeleisen?
König: Hmmm! Und woher weißt du, wann sie fertig sind?
Königin: Mon dieu, ich nehm sie halt raus, wenn sie so weit sind!
König: ... wie??
Königin: ... nach Intuition ... c'est l'inspiration ...
König: Was? Nach Gefühl?

Königin (zuckt mit den Schultern): ... tja, ich ahne es, wann sie gut sind ...
König: ... aber sie sind braun ... möglicherweise ... stimmt da was nicht ...
Königin: Waaaasss ... stimmt ... nicht ... mit ... mir??? Ich organisiere den ganzen Hofstaat, kümmere mich um das diesjährige Festbankett, ärgere mich mit den Mägden und Zofen herum ... und ... dann ... dann stimme ich nicht ...

Die Königin verlässt aufgelöst das Frühstückszimmer und der verdutzte König murmelt: „Ich hab doch bloß gesagt ... gemeint ... Versteh einer die Frauen ...!"

Auf der **Sachebene** des Gesprächs steht die Sachinformation „Der Pancake ist braun." im Vordergrund, hier geht es um Daten, Fakten und Sachverhalte. Dabei gilt zum einen das Wahrheitskriterium wahr oder unwahr (zutreffend/nicht zutreffend), zum anderen das Kriterium der Relevanz (Sind die aufgeführten Sachverhalte für das anstehende Thema von Belang/nicht von Belang?), und zum Dritten erscheint das Kriterium der Hinlänglichkeit (Sind die angeführten Sachhinweise für das Thema ausreichend oder muss vieles andere auch bedacht sein?).

Auf der **Ebene der Selbstmitteilung (auch Selbstoffenbarung genannt)** wird deutlich gemacht, dass jedes Mal, wenn ich etwas von mir gebe, gebe ich auch etwas von mir preis. D. h., jede Aussage enthält, neben der Information, auch, ob ich will oder nicht, eine Selbstkundgabe, einen Hinweis darauf, wie es mir geht (körperliches Befinden bzw. Gefühle/Empfindungen), was in mir vorgeht, wofür ich stehe und wie ich meine Rolle auffasse. Dies kann explizit (Ich-Botschaft) oder implizit geschehen. Dieser Umstand macht jede Nachricht zu einer kleinen Kostprobe der Persönlichkeit. Selbstoffenbarung schließt also die gewollte Selbstdarstellung und die unfreiwillige Selbstenthüllung ein. „Ich mag keine dunklen Pancakes."

Die **Beziehungsseite**: Ob ich will oder nicht: Wenn ich jemanden anspreche, gebe ich (durch Formulierung, Tonfall, Begleitmimik und körpersprachliche Signale) auch zu erkennen, wie ich zum anderen stehe und was ich von ihm halte – jedenfalls bezogen auf den aktuellen Gesprächsgegenstand. Hier ist der Empfänger besonders empfindlich, denn hier fühlt er sich in bestimmter Weise behandelt oder misshandelt. Der Alltag ist voll von Beispielen, in denen vor allem durch die Beziehungsebene Kommunikationsprobleme, eventuell sogar Konflikte, entstehen. Mögliche Interpretation: „..."

Appellseite: Wenn ich das Wort ergreife und es an jemanden richte, will ich in der Regel auch etwas bewirken, Einfluss nehmen, den anderen nicht nur erreichen, sondern auch etwas bei ihm erreichen. Offen oder verdeckt geht es auf dieser Ebene um Wünsche, Appelle, Ratschläge, Handlungsanweisungen.

Mögliche Interpretation: „Backe bitte hellere Pancakes."

„Dann liegt also die Verantwortung für das, was ich höre, nicht nur bei demjenigen, der sendet, sondern auch bei mir, da ich höre?"

„Genau! Richtig! Du hast als Empfänger der Botschaft eine (freie) Wahl, auf welchem Ohr, auf welche Seite der Botschaft du reagieren willst, d. h., welche Seite der Nachricht erscheint dir die wichtigste zu sein? Denn der Verlauf eines Gesprächs wird maßgeblich davon beeinflusst, wie du jeweils auf Mitteilungen reagierst. Wie oft hast du schon (selbst) erlebt, dass sich in kontroversen Gesprächssituationen Probleme und Missverständnisse verstärken, die Sachinformation an Bedeutung verliert und eine andere Ebene Übergewicht erhält. Denn die Reaktion des Empfängers hängt stark von seiner Persönlichkeit ab. Dabei spielen die Erziehung, die individuellen Lebenserfahrungen und die au-

genblickliche psychische und physische Verfassung eine große Rolle. Auch die Beziehung der Gesprächspartner zueinander, ihre Position im Hierarchiegeflecht deines Hofstaates und, ja, auch ihr Bildungsstand können den Kommunikationsprozess beeinflussen."

„Ha, dann ist das ja so wie beim Eisbergmodell? Manche Nachrichteninhalte werden gar nicht aufgenommen, in andere wird mehr hineininterpretiert, als von der Senderseite beabsichtigt war. *In jedem Fall hört der Empfänger das Gesprochene so, wie es in sein Gedankenbild und seinen Erfahrungshorizont passt, und die gemeinsame Schnittfläche zwischen beidem, Gemeintem und Verstandenem, ist unterschiedlich groß."*

„Stimmt, denn je stärker es den Gesprächspartnern gelingt, einander zuzuhören, umso größer wird die Schnittfläche. Deckungsgleich wird sie auch bei einer sehr guten Verständigung nie sein können. Schau mal, es gibt eine spaßige Sentenz:
*Generell sollte ich unterscheiden zwischen dem ...
... was ich wirklich mitteilen will (Absicht) ... was ich wirklich mitteile ... was die andere Person hört ... was die andere Person versteht ... was die andere Person glaubt gehört und verstanden zu haben ... was die andere Person sagt ... was ich glaube, dass die andere Person gesagt hat!*

Komm, wir probieren das mal. Stell dir vor, ein Page sagt zu dir: ›Ich verstehe nicht, warum ich diese Aufgabe machen soll!‹"

„Oh!" Und schon holt der Prinz Luft und zetert los: „Ja, spinnt der? Na warte ...! Moment! Na klar, du hast mir eine Falle gestellt! Oder? Gut, dann überleg ich mir mal, welche Nachrichtenseite ‚aktiv' sein könnte, welche Botschaft(en) hierin stecken könnte(n)!

- Sachinhalt
  z. B.: „Was ist der praktische Nutzen dieser Aufgabe? Was lerne ich bei der Aufgabenerledigung?"
- Selbstoffenbarung
  z. B.: „Diese Aufgabe macht mir keinen Spaß" oder: „Ich hinterfrage kritisch, warum …"
- Appellebene
  „Erklären Sie mir, warum ich diese Aufgabe machen soll!"
  Oder:
  „Geben Sie mir eine andere Aufgabe!"
- Beziehungsebene
  Hier sind wir besonders empfindlich! Der Interpretation stehen Tür und Tor offen.
  „Ich vertraue Ihnen, mit Ihnen kann ich darüber reden!"
  Oder:
  „Sie sind mir unsympathisch, ich habe keinen Respekt vor Ihnen!"

„Ich habe nun die Wahl, auf welcher Ebene ich die Nachricht ‚erarbeiten' will. Je nach meiner Reaktion offenbare ich, welchem Aspekt der Botschaft ich am meisten Gewicht gebe:"

- Ich höre auf dem Sachohr? Worüber werde ich informiert?
- Ich höre mit dem Selbstoffenbarungsohr? Was sagt der Page mir über sich? Was gibt der andere von sich preis?
  Ich beziehe die empfangene Nachricht nicht auf mich, sondern suche die Ursache bei ihm und frage z. B., ob er keine Lust habe, die Aufgabe zu machen, oder ob er tatsächlich eine Erklärung brauche.
- Höre ich mit dem Appellohr? Was will er eigentlich von mir? Höre ich unausgesprochene Erwartungen? Im vorauseilenden Gehorsam antworte ich z. B.: „… oder willst du lieber eine andere Aufgabe?"

- Höre ich hauptsächlich mit dem Beziehungsohr? Was hält der andere von mir? Wie stehen wir zueinander? Nehme ich selbst neutrale Nachrichten persönlich? Dann reagiere ich verärgert, z. B.: „Ich weiß wohl besser als du, welche Aufgaben gemacht werden müssen!"

„Nun, eigentlich ganz klar, so gesehen ist es eher nicht wirklich wichtig, was ich gemeint habe, wichtiger ist, was der andere verstanden hat! Unbedingt muss ich mir angewöhnen, das, was ich meine, auch zu sagen. Dann werden die Kombinationsmöglichkeiten immer geringer, denn sonst treffen vier Sendearten auf jeweils vier Entschlüsselungsmöglichkeiten, das ergibt ... oje ... oje ..."

„Sehr gut, dann habe ich noch eine weitere Übung für dich. Analysiere doch mal folgende Situation:
  Du betrittst den Thronsaal, siehst die geöffneten Fenster und sagst: ‚Kalt hier!'
  ? Beschreibe doch mal, ganz allgemein gesehen, die vier Seiten deiner Nachricht!

- ...
- ...
- ....
- ....

Dann weiter: du als der Prinz und Thronfolger betrittst den Frühstücksraum, blickst zum geöffneten Fenster und sagst in Richtung des Pagen: ‚Kalt hier!'

? Was meinst du, passiert?
...

Dann am nächsten Morgen, du bist bereits da, betritt der Page den Raum, begrüßt dich und sagt mit Blick auf das offene Fenster: ‚Kalt hier!'

? Was wird deiner Meinung nach jetzt geschehen?
…

Ja, und jetzt noch eine Überlegung: Obwohl du und auch der Page denselben Satz formulierten, geschieht Unterschiedliches. Woran kann das liegen?"
…

Nach kurzem Überlegen fragte ihn die Elfenkönigin: „Sag mal, kennst du eigentlich die Texte von Abt Notker? Der mit der wunderschönen großen Klosterkirche in dem Land, wo die Zitronen und Orangen blühen. Nein?" Sie schloss die Augen, bewegte ihre Hände, als würde sie in einem Bücherregal suchen, öffnete symbolisch mit einem fast unhörbaren Murmeln eine Schrift und rezitierte dem Prinzen, der sie fasziniert beobachtet hatte, Folgendes:

Wichtig für jeden Regenten: Bewahre dir deine innere Freiheit! Mache dich frei, dir Sorgen um das Ansehen deiner selbst zu machen. Befreie dich vom Zustand der Selbstüberschätzung, von äußeren Erfolgszwängen und gar der Gier nach Macht.

Sodann wirst du deine Autorität zum Nutzen deiner Untertanen einsetzen können. Du hast Durchhaltevermögen, Geduld und den großen Überblick.

So frage dich immer wieder: Fördere ich die Motivierten oder bremse ich sie derart aus, dass sie völlig demotiviert in die innere Kündigung gehen? Helfe ich ihnen, ihre Talente zu sehen und zu entwickeln? Bin ich so weit auf Distanz zu mir selbst gegangen, dass ich den chinesischen Philosophen Laotse aus dem 15. Jahrhundert verstehe:

Wenn der Meister regiert,
ist sich das Volk kaum bewusst,
dass es ihn gibt.
Der Zweitbeste ist ein Führer, den man liebt.
Der Nächste einer, vor dem man Angst hat.
Der Schlechteste ist einer, den man verachtet.
Der Meister redet nicht, er handelt.
Wenn sein Werk getan ist, sagt das Volk:
„Unglaublich: Wir haben es ganz allein vollbracht."

Wie kannst du die Distanz zur eigenen Person in der Rolle eines Führenden bewahren, um nicht vom notwendigen Machtgebrauch in einen folgenschweren Machtmissbrauch abzugleiten?

„… ??????? …"

Völlig irritiert blinzelte der Prinz und sah vor seinem geistigen Auge nur noch Fragezeichen.

„Wie wäre es mit einem Hofnarren, der dich kritisieren darf, dessen offenes Wort du verkraftest? Oder frei nach Regeln des heiligen Benedikt: Sollte jemand fair und frei sachlich begründete Kritik äußern oder auf etwas aufmerksam machen, so erwäge, ob diesen der Herrgott nicht vielleicht gerade deshalb zu dir geschickt hat.

Oder auch: ER schickt dir einen schwierigen Menschen … weil … ? … damit du noch mehr Geduld und Liebe leben lernst. So danke IHM, dass du mit dieser Herausforderung wachsen darfst. Denn sei gewiss, du bekommst keine Aufgaben zugewiesen, die du nicht meistern kannst."

Nachdenklich ging der Prinz seine Alltagsszenen durch. Ja, es war ihm schon als Kind klar gewesen, dass er allein durch die ranghöhere Position und die „Prinzen-Rolle" im hierarchisch geordneten Hofstaat Macht besaß.

Dies bedeutet im Gegenzug, dass die anderen, die keine Macht haben, sich quasi ohnmächtig fühlen. So geht es auch allen Vorgesetzten, denn man übt, ob man will oder nicht, Macht aus. Was löst dies also bei den anderen aus? Ganz einfach kann man das beobachten, wenn der König nur im gleichen Raum anwesend ist, und obwohl er keinerlei Ambitionen zeigt, sich um jemanden oder dessen Arbeit kümmern zu wollen, erzeugt dies bei vielen „Untergebenen" Stress.

Wer kann, verlässt den Raum oder bringt mehr als die europäisch übliche Sicherheitsdistanz zwischen sich und ihn. Man schwitzt mehr, der Blutdruck steigt, oftmals klare Gedankengänge sind durch vermehrte Ausschüttung von Stresshormonen nicht mehr reproduzierbar usw.

Es gibt folgende Formen von natürlicher Autorität:

a) die funktionale, hier steht das Amt, die ausübende Tätigkeit, meist losgelöst von der persönlichen Autorität, im Vordergrund. Sie wirkt sachlich, wird hingenommen.

b) die fachliche: Vorbild in Wissen und Einsatz; das Fachkönnen und die Erfahrung sichern Ansehen und Anerkennung.

c) die persönliche Autorität gründet sich auf Wesensart und Verhaltensweisen, die als nachahmenswert angesehen werden (z. B. Wertehaltung, Umgang mit anderen, Vertrauen, Vorbild).

d) die patriarchalische Autorität betont den Altersunterschied, die Lebenserfahrung.

„Also, was meinst du, welche Form von Autorität wird auf Dauer Erfolg haben? Warum? Wie?"

„Sag mal, Elfenkönigin, du kennst dich doch aus ... Ich habe in der Bibliothek einen lustigen Buchtitel gesehen: AKTIVES ZUHÖREN! *Was soll das denn sein?"*

„Oh, nichts einfacher als das!", antwortete sie, und los ging's:

Die Tatsache, dass allzu oft nur ein Teilaspekt der Botschaft ausgesprochen wird, ist eine große Herausforderung beim Verstehen anderer.

Erinnern wir uns doch an das Kommunikations-Eisberg-Modell! So werden wir den inneren Zustand des Gesprächspartners, seine Bedürfnisse, Gefühle, Empfindungen und Gedanken nur indirekt erfahren: Er wird vom Gesprächspartner (= Sender) verschlüsselt, er teilt sich uns über die verbalen und nonverbalen Äußerungen mit.

Will ich nun an der Erlebniswelt des Gesprächspartners teilhaben, so muss/sollte ich versuchen, dessen Botschaften zu entschlüsseln.

Aktives Zuhören ist eine wichtige Kommunikationsform, die Missverständnisse aus dem Weg räumen kann, das Gefühl des Verstandenwerdens und Angenommenseins vermittelt, Aufmerksamkeit und Einfühlungsvermögen fördert; d. h., ich (= Empfänger) versuche zu verstehen, was der Gesprächspartner (= Sender) empfindet, formuliere es in meinen eigenen Worten und melde es dem Gesprächspartner zurück. Hier ist die reine Rückmeldung gemeint, auf keinen Fall sende ich dabei eigene Botschaften wie: Urteile, Ratschläge, Ermahnungen usw.!

(1) Ich kläre durch Rückfragen, ob ich das Anliegen richtig verstanden habe!
(2) Ich arbeite die eigentliche Botschaft des Gesagten heraus!
(3) Ich finde eine positive Formulierung für das Gehörte!

Warum aktives Zuhören? Ja, ganz klar, wenn ich meinem Gesprächspartner aktiv zuhöre, zeige ich ihm, dass ich ihn respektiere und ernst nehme. Dadurch trage ich zu einem positiven Gesprächsklima bei, von dem es ganz erheblich abhängt, wie das Gespräch verläuft und ob es erfolgreich endet. Gerade bei Vorwürfen oder kritischen Bemerkungen könnten sonst Missverständnisse entstehen; es lassen sich Gesprächssituationen so einfacher entspannen. Aktives Zuhören fördert eine friedliche(re) Kommunikation.

Aktives Zuhören des Empfängers (= ich) in der Kommunikation mit dem Gesprächspartner ...

- ... hilft dem Gesprächspartner bei der Klärung und Verarbeitung eigener Empfindungen. Er wird eigene negative Empfindungen weniger fürchten, wenn er erfährt, dass ich sie ebenfalls akzeptiere.
Z. B. die Prinzessin sagt zu dir: „Nie bist du pünktlich. Ich bin dir wohl völlig egal!"
Achtung! Jetzt! Aktives Zuhören! Denn: Du weißt, Vorwürfe sind verunglückte Wünsche!
Du antwortest: ...

- ... verbessert und vertieft die Beziehung zwischen mir und meinem Gegenüber durch das Gefühl:
„Der Prinz versteht mich, ich kann ihm vertrauen." Es schafft die Basis für Mitteilung eigener Gedanken, Ideen, Wünsche.

- ... erlaubt dem Gesprächspartner die Klärung eigener Probleme und schafft somit die Voraussetzung für psychische Reifung, größere Selbstständigkeit und Unabhängigkeit. Aktives Zuhören ist eine Methode, den Gesprächspartner dahin zu bringen, dass er selbst Lösungen für seine eigenen Probleme finden kann, das heißt, ich übernehme keine „fremden" Probleme und muss z. B. keine Ratschläge etc. abgeben.

„*Aber bitte beachte, dass die Methode des „Aktiven Zuhörens" kein Trick, kein mechanisches Werkzeug ist.*
Ohne eine echte annehmende Einstellung, die den Gesprächspartner als selbstständige Person mit EIGENEN *Problemen und dem Recht,* SELBST *Erfahrungen zu machen, akzeptiert, wirst du keine längerfristigen Erfolge haben."*

„*Schon klar, nur wie soll ich denn vorgehen?"*

„*Ja, als Erstes liegt es mal an dir selbst. Du musst komplett deine unbewusst ablaufenden Selbstgespräche ausblenden. Konzentriere dich voll auf den Menschen dir gegenüber und formuliere nicht bereits jetzt schon in Gedanken schnelle Antworten oder Lösungen, sondern lasse dich komplett auf ihn ein.*
Und dann denke noch z. B. an Folgendes:"

A) DEN KONTAKT HERSTELLEN:
zugewandte Körperhaltungen / Blickkontakt / Zuhörfloskeln, die dem anderen Aufmerksamkeit signalisieren / ab und zu Kopfnicken / eventuell eine sinnvolle Zwischenfrage stellen

B) DEN INHALT DES GESAGTEN ERFASSEN:
die wesentlichen Punkte merken (eventuell notieren) / auf Denkfehler und Widersprüche achten / bis zum Ende zuhören, nicht vorschnell eine mögliche Erwiderung formulieren
Vorschlag zum Paraphrasieren:
- „Also, bis hierher habe ich verstanden, dass ..."
- „Wenn ich dich richtig verstanden habe, geht es dir um ..."

Also: Das Gehörte in eigenen Worten wiedergeben und auch versuchen, das Gefühl des Gegenübers in eigenen Worten widerzuspiegeln.
Und darauf achten, keine Bewertung des Gehörten formulieren!

Und im Umkehrschluss gilt natürlich auch:
Ich weiß erst, was ich gesagt habe, wenn ich gehört habe, was der andere verstanden hat.

c) Die Erwiderung vorbereiten:
Wieweit kann ich Verständnis zeigen oder sogar zustimmen? („Ich verstehe, dass …"/„Sie haben Recht, wenn Sie …")
Muss ich zur Klärung eine Rückfrage stellen?
Welche Punkte könnte ich als Einleitung meiner Erwiderung, ganz kurz, wiederholen? (z. B.: „Sie haben soeben behauptet, dass …")

d) Gefahren:
- Ungeduld: Ein Gespräch muss nicht immer sofortige Lösungen haben, sondern ist auf Langzeitwirkung ausgelegt.
- Tür öffnen und dann zuschlagen: Zunächst durch aktives Zuhören eine vertrauensvolle Atmosphäre schaffen und die offenen Mitteilungen dann gegen den Gesprächspartner verwenden.
- Ich war nicht beim anderen, sondern versuche durch eigene Geschichtchen oder vermeintlich gut gemeinte Ratschläge zu helfen.

„Und jetzt möchte ich eine begründete Antwort, aber denke gut nach! Worin liegen nun die größten Chancen ...???

Im Umgang mit deinen Beratern ergeben sich für dich häufig Situationen, in denen du dich durch den Gesprächspartner enttäuscht fühlst, geängstigt, vor den Kopf gestoßen, verletzt fühlst. Du kannst das Verhalten des Gesprächspartners nicht annehmen. Du stehst dann vor einem Problem, das du grundsätzlich auf drei Arten lösen kannst. Du könntest ...

... die Umwelt ändern,
... dich ändern,
... den Gesprächspartner ändern (bzw. seine Einstellung und sein Verhalten) ...

Also? Was meinst du? Worin liegen nun die größten Chancen?"

„Jaaa! Ich habe mich aber auch ein bisschen vorbereitet. Schau mal, wäre das vielleicht auch ein Ansatz? Das stand auch in dem Buch, das ich in Vaters Bibliothek gefunden habe. Diese Sache mit den Ich-Botschaften! Denn wer ist für einen gelungenen Tag, eine gute Beziehung, für mein Glücklichsein verantwortlich? Genau! Der, der jeden Morgen aus dem Spiegel mir entgegenschaut. ICH!"

Normalerweise führt in einer Konfliktsituation die Konfrontation der Interessen Ich <--> Gesprächspartner zu einer Verschärfung des Konflikts. Wir wissen: Ein Wort gibt das andere.

Z. B.:
  „Du störst!"
  „Deine Leistungen haben stark nachgelassen."
  „So kann man das nicht machen!"
  „Sie sind ..."

Dabei wird oft so formuliert, als handelte es sich um eine objektive Wahrheit.

Verstärkt wird diese Wirkung durch Wörter wie: immer, nie, jeder, ständig …
„Du störst ständig."
„Du trägst nie den Müll raus!"

Diese Formulierungen können dazu führen, dass sich die angesprochene Person herabgesetzt oder abgelehnt fühlt und neigt so in Folge zum Rückzug bzw. Gegenangriff.
In hitzigen Gesprächen oder im Streit reden wir häufig mit Verallgemeinerungen und mit Du-Botschaften, d. h., hier rede ich über den anderen (und nicht über mich).
Mit diesen Du-Botschaften greift man seinen Kommunikationspartner an, man beschuldigt ihn, drängt ihn vielleicht in die Enge, nimmt ihm die Möglichkeit, positiv zu reagieren, ruft reaktive Verhaltensweisen oder gar Vergeltungsmaßnahmen hervor. Ich sage dem anderen, wer er ist, was er ist und was er tun soll. Auf jeden Fall wird so die Möglichkeit, das Verhalten des anderen zu beeinflussen, nicht erreicht. Alle diese Varianten beinhalten im Grunde nur die eine Botschaft: >Du bist nicht o. k.<, und beeinträchtigen das Selbstwertgefühl des Gegenübers und gefährden unsere Beziehung.

Ich-Botschaften-Senden ist hingegen ein Weg, die Situation zu entspannen. Sie bringen die subjektive Wahrnehmung der Situation, eines Verhaltens, zum Ausdruck.
Sie wird sowohl für mich als auch für den Gesprächspartner als weniger bedrohlich empfunden. Nachgeben und Einlenken wird leichter (=> Deeskalation).
Eine Ich-Botschaft ist eine Botschaft, die nicht vorwurfsvoll gemeint ist, nicht persönlich angreift oder erniedrigt.
Eine Ich-Botschaft ist eine Beschreibung, was das Verhalten des anderen BEI MIR auslöst: meine Eindrücke, meine Beobachtungen, Gefühle, Gedanken und Bedürfnisse/Wünsche. Sie drückt

das damit ausgelöste Gefühl und die damit verbundene Wirkung aus.

Die Formulierung einer Ich-Botschaft fördert den direkten, offenen und ehrlichen Umgang mit Menschen. Sie appelliert an den anderen, ein Fehlverhalten aus eigenem Antrieb zu ändern, weil ich ein Problem damit habe.

Einander Rückmeldung zu geben wird verständlicher, angenehmer, direkter, wenn ich mich selbst als subjektiven Beobachter verstehe.

Ich zeige mich selbstkritisch, räume die Möglichkeit einer Fehleinschätzung, eines Missverständnisses, einer getrübten oder selektiven Wahrnehmung meinerseits ein.

„Jetzt vergleiche die atmosphärische Qualität folgender Aussagen: Zum Beispiel: Du bist verärgert und gibst die (verschlüsselte) Du-Botschaft. Es ist ein Feedback zu einem gehaltenen Lagebericht:

‚Du hast einen total ätzenden Dialekt, man versteht fast nichts.'
ODER:

‚Wenn du nur in deinem Dialekt sprichst,	Exakte Verhaltens- bzw. Situationsbeschreibung
verstehe ich viele Wörter nicht, und	Benennen der Gefühle, die dadurch ausgelöst werden
es fällt mir schwer, dann den Zusammenhang zu verstehen!'"	Aufzeigen der Konsequenzen (meine Bewertung, was ich denke, Konsequenzen in diesem Zusammenhang)

In einer echten Ich-Botschaft spreche ich von mir, z. B. indem ich mein Gefühl ausdrücke, meine Bedürfnisse benenne und/oder zusätzlich einen Wunsch/Lösungsvorschlag, meine Idee dazu formuliere.

Wenn ich also ein Feedback gebe, dann nur so:
- nur Beobachtungen mitteilen (!! keine Interpretationen !!)
- Kritik sachlich vortragen
- auch Positives nennen
- Formulierung von Lob und Kritik in Form von Ich-Botschaften

Meist ist Kritik leichter zu ertragen, wenn die geäußerte Kritik deutlich als subjektive Einschätzung erkannt werden kann. Also erkennbar bleibt, dass ich meine eigene Sichtweise wiedergebe und auch andere Meinungen zulasse.

So wird die Bereitschaft gefördert, sich zu ändern. Der andere erhält die Chance, Stellung zu beziehen oder aus eigener Einsicht sein Verhalten zu ändern.

Mutig fragte der Prinz die Elfenkönigin: „Nun, wie würdest du die folgenden (konfliktträchtigen) Du-Botschaften in Ich-Botschaften umformulieren?!
Also:
Der König ist nach einem anstrengenden Arbeitstag müde. Ein Berater gibt ihm zu verstehen, dass ihm an der Lösung eines taktischen Problems sehr gelegen ist.
Mit einem resignierten Lächeln sagt der König: ›Ach, du bist schon eine Plage mit deinen Problemen.‹"

Sie formulierte den Satz, gemäß ihres Schemas, elegant um, lächelte und dann zeigte sie ihm folgendes Gedicht:

Worte

Unverständnis	… verstehen
Blockade	… hoffen
Mauern	… öffnen
Hass	… lieben
Selbstschutz	… vertrauen
Verletzung	… versöhnen
Kälte	… begeistern
Verurteilung	… akzeptieren
Abwertung	… annehmen
Angst	… freisprechen

sind
… gefühlte Buchstaben

„Frage!? Welche Gefühle haben wir Menschen eigentlich alle gemeinsam??????"
  Antwort: ………

Die Elfenkönigin war weit gereist und auch in der Neuen Welt hatte sie andere Regierungsmodelle und einige beeindruckende Persönlichkeiten kennen gelernt, z. B. den Marschall von den Rosenbergen. Hier legte man großen Wert auf einen friedvollen Umgang miteinander und hatte sich zum Ziel gesetzt, gewaltfrei miteinander zu kommunizieren. Die Einwohner von Rosenbergen gehen seit einiger Zeit neue Wege, sie glauben, dass alle Menschen das Grundbedürfnis haben, zum Wohl des anderen beizutragen.

Dies klingt alles zunächst einmal einfach, ist aber in der Umsetzung eine Herausforderung.

Denn auch hier war man von der Alten Welt geprägt worden, wo sie Gewalt, Krieg, Hass und Feindseligkeit beobachten und auch früher leidvoll selbst erlebten.

Die Ältesten und Weisen von den Rosenbergen waren zu der Ansicht gelangt, dass es sehr viel mit Sprache zu tun habe. Früher gab es Traditionen, in der Hierarchien eine große Rolle spielen. In Hierarchien ist es wichtig, dass Menschen lernen, sich Autoritäten zu unterwerfen. Deshalb bringt man ihnen eine Sprache bei, die von außen bestimmt ist. Sie lernen nicht, das auszudrücken, was in ihnen selbst vorgeht, welche Gefühle und Bedürfnisse sie haben, sondern werden an eine Sprache gewöhnt, die analysiert, bewertet, urteilt und einordnet, um dann die „Fehlstellen" bei sich und auf jeden Fall bei den anderen aufzudecken. Besonders gerne beäugte man den Splitter in dem Auge des anderen, doch der Balken im eigenen Auge wurde nicht wahrgenommen.

Diese neuartige friedfertige Kommunikation zielt nicht darauf, dass die Menschen sich bzw. ihr Verhalten ändern, gar so weit manipuliert werden, dass sie das tun, was ich will. Sondern es soll eine ehrliche, mitfühlende Verbindung hergestellt werden, um unsere beiderseitigen Bedürfnisse zu stillen; dies wird erreicht, indem wir kompromissbereit miteinander verhandeln.

Die Rosenberger stellten dabei fest, dass es eine komplette Situationsveränderung auslöst, wenn man seine Aufmerksamkeit auf die Beobachtung, Gefühle, Bedürfnisse und Bitte des anderen richtet: Im Prinzip versuche ich durch aktives Zuhören und aufmerksames Beobachten herauszufiltern, was los ist.

Die Methode ist eigentlich ganz einfach; sie besteht nur aus vier Grundelementen:

Für eine konfliktarme Kommunikation ist es hilfreich, sich selbst zu fragen.

Kann ich in einem vermeintlichen oder echten Konflikt …

(1) benennen, was ich beobachte, also die Beobachtung so konkret wie möglich beschreiben; Orientierung geben durch Beschreibung von Handlung, Handlungszusammenhang und Zeit?
(2) sagen, was ich fühle? Also: Ich drücke aus, wie es in mir aussieht.
(3) sehen, welches Bedürfnis dahintersteckt, und
(4) ausdrücken, was ich von der anderen Konfliktpartei „erbitte"?

1. Beobachtung: Ich kann also die Beobachtung von der Bewertung trennen. Ich beschreibe klar und deutlich, was ich sehe oder höre, und zwar ohne dies mit einer Kritik, einem Vorwurf oder einer Schuldzuweisung zu vermischen. Denn sobald ich in die objektive Beobachtung mit Zahlen, Daten und Fakten eine Anklage gegen den anderen hineinbringe, ist die Wahrscheinlichkeit gering, dass der andere mir weiter zuhört.

Deshalb gibt es hier auch keine Verallgemeinerungen mit den Wörtern „nie, immer, ständig …" oder unpersönliche Formulierungen mit „man/es" sowie keine Übertreibungen oder gar Prophezeiungen.

2. „GEFÜHLE": Ich lerne dadurch, meine/unsere Gefühle auszudrücken und sie auch beim anderen wahrzunehmen.
Meine Gefühle kommen aus mir selbst, d. h., wie ich das, was andere tun oder sagen, aufnehme bzw. durch meine erfüllten oder unerfüllten Bedürfnisse. Somit bin ich verantwortlich dafür, was meine Gefühle verursachen. Meist ist es für mich schwierig, Gedanken, Einschätzungen, Aussagen über den anderen von wirklichen Gefühlen zu unterscheiden. Und unser Wortschatz ist hierbei eher unterentwickelt, um Gefühle so genau wie möglich und nicht vage und allgemein auszudrücken. Dabei geben gerade sie dem anderen Informationen über uns, über die Art und Weise, wie wir die Dinge sehen und wahrnehmen.

3. Jetzt ist es notwendig, dass ich die Wurzel meiner Gefühle, nämlich die BEDÜRFNISSE, erkenne und ausdrücke. So reduziert sich die Wahrscheinlichkeit, dass der andere sich für meine Gefühle verantwortlich oder, schlimmer noch, schuldig fühlt.

4. DIE „BITTE" bedeutet, dass ich klar und eindeutig um konkrete, machbare Handlungen bitte, die meine unbefriedigten Bedürfnisse erfüllen könnten. Dabei ist es wichtig, dass diese Bitte sich auf die Gegenwart bezieht. Dabei lasse ich dem anderen immer die Wahl, meine Bitte zu erfüllen oder nicht. In dem Moment, wo der andere sich durch meine Bitte bedroht oder erpresst fühlt, fasst er diese als Forderung auf.
Statt: „Ich möchte, dass Sie mich richtig verstehen",
besser: „Ich hätte gern, dass du mir sagst, wie du die Sache siehst."
Statt: „Ich möchte, dass du mir ehrlich antwortest ...",
besser: „Ich hätte gern, dass Sie mir sagen, wie Sie mich verstanden haben."

„Und wenn wir uns jetzt noch dem Gandhi-Zitat zuwenden, sind doch schon die Weichen in eine friedvolle Zukunft gestellt! Oder?

Gewaltfrei heißt nicht nur Verzicht auf Gewalt und Widerstand, heißt auch nicht etwa: die andere Wange hinhalten. Gewaltfrei ist eine viel schwierigere Aufgabe, nämlich Verständnis und Einfühlung in die Ängste, die Unwissenheit, Hilflosigkeit und Unsicherheit der Menschen und Faktoren, die gewaltvolles Handeln hervorrufen."

„Ja schon, aber … aber schau mal, wenn ich als junger Prinz was sage, dann kommen ganz oft von den Altvorderen statt Argumenten Sätze wie …"

- „Das machen wir schon immer so." Subtiler: „Das machen wir schon immer so, weil es sich bewährt hat."
- „Das haben wir noch nie so gemacht."
- „Jeder vernünftige Mensch weiß, dass …" / „Jetzt seien Sie doch mal vernünftig."
- „Es hat keinen Sinn, mit Leuten wie Ihnen zu diskutieren."
- „Ich bitte Sie/euch, man merkt mit jedem Wort, dass Sie/ihr wirklich keine Ahnung habt."
- „So ist das Leben." – „Die Wege des Herrn sind unergründlich." – „Gottes Wege sind unergründlich."
- „Du hast wohl zu viel Zeit." / „Es gibt Wichtigeres."
- „Das ist eben so."
- „Haben Sie keine anderen Sorgen?"
- „Das ist doch allgemein bekannt." / „… aus Erfahrung weiß man …"
- „Der Erfolg gibt uns recht."
- „Das kann man nicht vergleichen." / „Das werden Sie doch nicht mit (…) vergleichen!"
- „Glauben ist was für die Kirche."

- „Trau keiner Statistik, die du nicht selbst gefälscht hast."
- „Wenn du mal so alt bist wie ich, wirst du das auch so sehen."

„Gewaltlos erscheint mir das eher nicht, das sind für mich Killerphrasen, ja eigentlich bei Licht besehen: ‚Totschlagargumente'. D. h., sie werden nur deshalb ausgesprochen, um den vermeintlichen oder tatsächlichen Widerstand zu brechen. Mir scheint, sie sind besonders beliebt, wenn der Sender dem Empfänger damit seine Ablehnung vermitteln kann oder ihn in einer Gesprächsrunde herabsetzen will, um ihn mundtot zu machen.

Irgendwie glaube ich schon, dass ich auf eventuelle Killerphrasen reagieren muss, denn sonst kommen diese stärker und immer wieder. Nur wie?"

Ja, auch darauf hatte die Elfenkönigin hilfreiche Vorschläge:

a) Antwort und Rückfrage haben den Vorteil, dass das Gegenüber nicht verletzt wird, falls sie/er die Frage nicht als echte Killerphrasen gemeint hatte, sondern sich einfach einer üblichen Phrase bedienen wollte.

Beispiele:
- „Kannst du das denn nicht genauer formulieren?"
  Nein, aber ich kann es gern noch einmal wiederholen! – Bitte präzisiere, was du nicht verstanden hast; ich gehe gerne noch einmal gezielter darauf ein!
- „Haben wir das nicht schon vor ... entschieden?"
  Was haben wir denn deiner Meinung nach damals entschieden?
- „Alles nur graue Theorie. Das funktioniert eh nicht."
  Ja, wie sieht dann deine Lösung/dein Verbesserungsvorschlag aus?
- Oder ich reagiere auf den Vorwurf: „Sie sind völlig team-

unfähig!", mit der Antwort: „Wenn Sie damit meinen, dass ich eine eigene Meinung habe, haben Sie völlig Recht."

b) Spielerischer Umgang mit Killerphrasen
Anstatt auf eine patzige Bemerkung wütend zu schnauben, könntest du es mal mit Humor versuchen. Der Überraschungseffekt wird dir gewiss sein. Spiele mit dem Absurden, übertreibe, verkehre Sachverhalte ins Gegenteil: Kontere z. B. plakativ eine völlig irrige These deines Gegners mit der Antwort: „Ja genau, die Erde ist eine Scheibe und die Titanic ist unsinkbar."

c) Grenzen setzen
Wenn alles nichts hilft und jemand wiederholt und grundlos mit Killerphrasen kommt, solltest du Tacheles reden: „Was Sie da sagen, beleidigt mich. Bitte lassen Sie das in Zukunft."

Irritiert beobachtete der Prinz, dass das Gesicht der Elfenkönigin seit geraumer Zeit flackerte und ihre wunderschöne Gestalt immer durchsichtiger wurde. Da erinnerte er sich daran, dass der König ihn gewarnt hatte, ihr nicht zu viel Energie abzuziehen, denn sonst bestehe die Gefahr, dass sie sich für viele Tage zurückziehen müsse, um sich mit ihrer Kraftquelle mental zu verbinden.

Deshalb ließ er sich schnell noch erklären, wie er denn in Zukunft gute Gespräche mit seinen Untertanen führen sollte:

Ihm war ja schon klar, dass die Gesprächsvorbereitung 80 % des Erfolgs ausmachten, weil er so sicherer und flexibler in der Gesprächsführung war, um sich und dem Gesprächspartner Zeit zu ersparen und die Erfolgschancen zu erhöhen.

Organisatorisch war Folgendes wichtig:
- Fakten (!! die man aus eigener Anschauung hat !!)
 Werden noch Unterlagen benötigt?
- Termin festlegen
- frühzeitig „einladen" (plus Themenbekanntgabe)
- Ort festlegen („unter vier Augen")
- Ungestörtheit (! ohne Handy-/Telefonstörungen) (ohne Lärm)
- Zeit freihalten (mind. 30 Min., also ohne Zeitdruck/ohne Hetze)
- !!! keine Nebenbeschäftigungen (Lesen, Schreiben, Sortieren, E-Mails o. Ä. checken usw.)

Und inhaltlich musste er sich auch vorbereiten:
- Weshalb findet das Gespräch statt?
- Zielvorstellung entwickeln
 Ich muss das Gesprächsziel, also die von mir gewünschten Veränderungen, im Auge behalten.
 Es muss eine Vereinbarung darüber getroffen werden, wie die

Verhaltensänderung herbeigeführt werden kann, plus: Was kann ich tun, um den Partner zu unterstützen?
- Wie soll das Gespräch aufgebaut werden?
- Welche Argumente sind hilfreich, um das Gespächsziel zu erreichen?
- Welche Gegenargumente könnten eventuell vorgebracht werden?
  => meine Reaktion/meine Antworten darauf „durchspielen"
- Sind genügend Informationen vorhanden?
- Habe ich Lösungsvorschläge/Alternativen?
  Habe ich mich genügend auf meinen Gesprächspartner vorbereitet? Bezüglich
  ... seinem persönlichen Verhalten.
  ... seiner sachlichen Erwartungen.
  ... Wie wird der Gesprächspartner voraussichtlich reagieren?
- Und:
  Welche Eigenschaften des Gesprächspartners sind schätzenswert? (Stärken)
  Welche Eigenschaften des Gesprächspartners wirken unsympathisch? (Schwächen)

Hier folgten nun abschließend noch die Tipps zur Gesprächsführung der Elfenkönigin, bevor sie sich von dem Prinzen, den sie dann doch ins Herz geschlossen hatte, mit Segenswünschen in sein neues Leben verabschiedete.

Die ersten Sätze entscheiden häufig über den Gesprächserfolg!

- Aus Gründen der Spannung und Erwartung hört er/sie deinen ersten Worten intensiver zu als den folgenden.
- Er/sie bildet sich ein Urteil über dich aufgrund des ersten Eindrucks. (Vier-Ohren-Modell!!)

- Denke bei deinen ersten Sätzen an die Erwartungshaltung*
  des Gesprächspartners.
  *Was will er von mir?
  *Empfinde ich für ihn Sympathie?
  *Kann ich ihn akzeptieren?
  *Nimmt er mich ernst? („Wertschätzung")
- Lege bei den ersten Sätzen dein Augenmerk darauf, wie du es sagst!
- Vermeide Phrasen!

Schaffe eine positive Gesprächsatmosphäre, eine Atmosphäre des Vertrauens! ALSO: nicht mit Vorwürfen oder Anklagen im Ton eines Richters oder strengen Vaters beginnen! Vermeide, das Gespräch mit einer Behauptung zu beginnen. Diese provoziert Widerstand und verhindert Kontaktherstellung.

HAUPTTEIL

- ✓ „Ich habe zu diesem Gespräch gebeten, wegen Thema xyz …"
- ✓ Zahlen_Daten_Fakten vorbringen/Klartext reden.
- ✓ Halte Blickkontakt (aber nicht starren!)
- ✓ Das Verhalten kritisieren, nicht die Person.
- ✓ Ich sage (mit Zahlen_Daten_Fakten), was ich als Problem sehe. (also: Ich-Botschaften senden!)
- ✓ Dann: Den anderen zum Sprechen bringen und reden lassen und aufmerksam zuhören! Nicht unterbrechen (selbst nicht zu viel sprechen) Lasse dem Anderen Zeit, seine eigenen Gedanken zu äußern.
- ✓ „Aktives Zuhören"
  Stichwort: Verständnisfragen/Paraphrasieren
- ✓ Gemeinsame Suche nach Lösungen.
- ✓ Vereinbarung treffen („step by step"/Fernziel).
- ✓ Notizen machen.

- ✓ Erst wenn das verständnisvolle Verhalten nichts bringt, eine harte Gangart einschlagen.

Schluss

- ✓ Kontrolliere das Verständnis der Botschaft (beim Empfänger).
- ✓ Kläre ab, welche Punkte noch offen bleiben.
- ✓ Achte darauf, dass am Ende des Gesprächs immer klar ist, wie der nächste Schritt konkret aussehen soll.
- ✓ ... dem anderen den Vorteil ihrer/seiner Verhaltensänderung positiv darstellen.
Die Situation so beschreiben, die eintreten wird, wenn die Vereinbarung eingehalten wird. Schließe das Gespräch mit einem positiven Ausblick ab, d.h., ein Stück Mut und Optimismus mitgeben (z. B. Aussicht auf Erfolgserlebnis).

Nachbereitung

- Persönliche Rückschau halten.
- Ist in Zukunft ein anderes Verhalten oder eine andere Vorbereitung notwendig?
- Ist das Ergebnis eines Gesprächs unbefriedigend, war wahrscheinlich nicht klar, welche Gesprächsart/welches Ziel eigentlich gewählt worden war.
- Gesprächsnotiz anfertigen.
- Vereinbarte Maßnahmen schriftlich festhalten und auch tatsächlich veranlassen.
- Kontrolle der Gesprächsvereinbarung planen und durchführen.

... und noch eins:
Und denke unbedingt an die Fragetechnik als Teil der Gesprächsführung, an den rhetorischen Aspekt der Gesprächsführung.

Wer in einem Gespräch die richtigen Fragen stellt, kann es beleben, vertiefen, sogar lenken.

Man zeigt sich als aufmerksamer und interessierter Gesprächspartner/Partner.

Negativ wirkt allerdings das neugierige Ausfragen.

Frageart	Wirkung	Beispiel
1. Offene Fragen Ergänzungsfrage	Erkennbar an den Fragewörtern: „wer, wann, wo, warum, weshalb, wofür, wie lange", also kurz: alle „W"-Fragen.	„Wann erfolgt die nächste Lieferung von Brennholz?"
	… lässt in einem Zielkorridor verschiedener Antworten zu. Der/die Gefragte kann frei formulieren und seinen/ihren Standpunkt relativ unbeeinflusst darstellen.	„Warum wurde dieses Thema in die Ratsbesprechung aufgenommen?"
	… ermöglicht eine flüssige Kommunikation, bei der wechselseitiges Interesse an der Sichtweise, an der Einschätzung oder am Leben des Gegenübers gezeigt werden.	„Wie finden Sie die Gestaltung der Besprechungsmaterialien?"
2. Geschlossene Fragen:	Die **geschlossenen Fragen** beginnen gewöhnlich mit einem Verb.	
Entscheidungsfragen	Antwortmöglichkeiten werden auf ja/nein eingeschränkt.	„Finden Sie diesen Abschnitt der Materialiensammlung interessant?"
	… für Entscheidungssituationen	

Frageart	Wirkung	Beispiel
	... für Situationen, in denen es auf präzise und eindeutige Antworten ankommt.	„Sind Sie mit dem Auftrag fertig?"
	In Kritikgesprächssituationen möglichst vermeiden, da keine freie Formulierungsmöglichkeit und keine Standpunkte erfahren werden!	„Ist das das neue Turnierpferd?"
Alternativfragen	... entweder/oder ... ... nur wenn tatsächlich zwischen zwei echten Alternativen zu entscheiden ist.	„Wollen Sie nun die ganze Woche bei uns bleiben oder nur drei Tage?"
Bestätigungsfrage	Frage nicht nur Ja oder Nein ab, sondern rege den Antwortenden zudem an, seine Meinung näher auszuführen. Üblicherweise bezieht man sich dabei auf Inhalte, die zuvor vom Gesprächspartner kamen.	„Wenn ich Sie richtig verstanden habe, finden Sie die neue Lösung nicht praktikabel."

Frageart	Wirkung	Beispiel
Zurückgebende Fragen	… eher eine Art der Moderation. Einerseits Wertschätzung ausdrückend, öffnet gleichzeitig die Diskussionsrunde für weitere Teilnehmer. Der Gefragte nimmt sich zurück und überträgt die Verantwortung für das Ergebnis/die Entscheidung auf die Gruppe.	Situation: Einer vom Reparaturtrupp fragt: „Sollen wir die Burgbrücke schnell reparieren?" :-) „Was meinst du/Sie?"
3. Rhetorische Fragen	… verlangen eigentlich keine Antwort. … eher ein Pausenfüller. … als Möglichkeit, Widerspruch bereits frühzeitig auszuschalten. Sind eigentlich überflüssig!	„Weshalb wird der Kaiser wohl reklamiert haben? Weil ihm langweilig war? Oder doch eher, weil Qualitätsmängel vorlagen?! …"
4. Suggestivfragen	Suggestivfragen wollen den Gefragten manipulativ zur Zustimmung bewegen. … erkennbar an „doch", „sicher", „eigentlich", „auch" … oder?	„Sie sind doch meiner Meinung, dass …?" „Sie sind sicher auch mit diesem Kurs einverstanden?" „Eigentlich ist doch der Vortrag nicht schlecht, oder?"

Frageart	Wirkung	Beispiel
5. Gegenfrage	Mit der Gegenfrage entzieht sich der Gesprächspartner einer Antwort._Die ist aber auch eine Möglichkeit, sich suggestiver Fragen zu erwehren!	
6. Fangfragen	Diese Fragen zielen auf die Ermittlung von Tatsachen oder Einschätzungen, die verdeckt bleiben sollen. Umgangssprachlich spielen sie eine große Rolle, um Zugeständnisse zu erzwingen, ehe der Befragte den eigentlichen Hintergrund der Frage versteht.	„Was machst du heute Abend?" Das kann den Hintergrund haben: Wenn du frei hast, kannst du mir helfen. Das kann aber auch eine Kontrolle bedeuten: Da ich bereits von einer Verabredung mit deinem Freund gehört habe und ich nur deine Ehrlichkeit überprüfen möchte.

Und bedenke, dass du, bei aller Theorie, immer noch ein menschliches Wesen vor dir hast. Alles ist immer nur ein Versuch eines Erklärungsmodells, ein Warum ansatzweise zu ergründen. Warum Menschen manchmal genau so regieren, wie sie reagieren. Ein solches Modell ist die sogenannte Maslow'sche Bedürfnispyramide, hier versucht man, die Bedürfnisse des Menschen in eine Rangfolgepyramide zu bringen, und geht davon aus, dass die ersten drei Stufen die eigentlichen Mangelbedürfnisse sind *und dann in Ebene vier und fünf sich die Wachstumsbedürfnisse befinden.*

Also noch mal: Dies ist ein Erklärungsversuch, wie Mitmenschen „funktionieren", ABER bitte bedenke, dass jeder/jede anders „tickt". Die persönliche Situation, Erfahrungen, das Umfeld entscheiden darüber, welche Stufen der Bedürfnispyramide im Moment „aktuell" sind.

Übertrage diese Erkenntnisse nun auf die soziale Situation in deiner Burg und schaue mal, was du als Prinz bzw. was das Königreich bezüglich der Bedürfnisbefriedigung machen könnte oder schon getan hat.

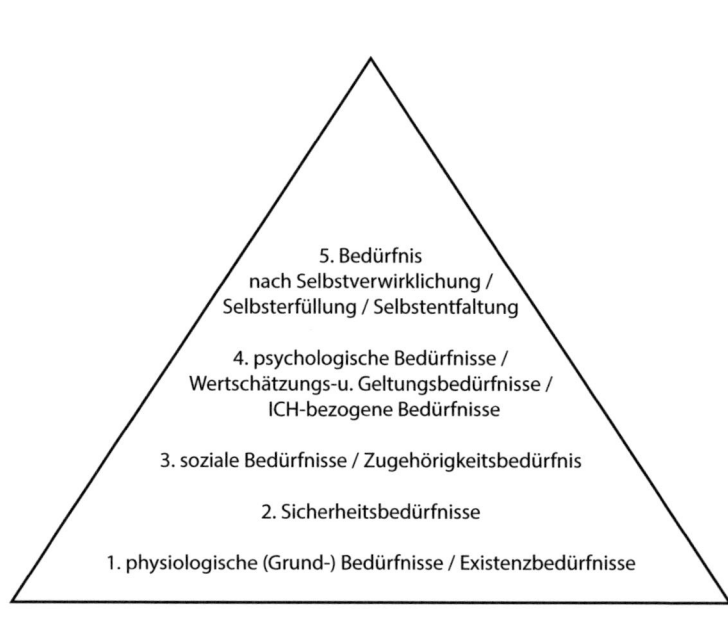

4. Konfliktkompetenz

Die Sonne ging unter, der Mond erschien und die Sterne glitzerten am klaren Himmel. Der Prinz fröstelte, als vor ihm der Traumdeuter und Bewahrer aller Liebe erschien. Schweigend schaute er ihn an, und der Prinz hatte das Gefühl, als könnten seine grünblauen leuchtenden Augen bis zur Seele blicken. Mehr spürte er, als dass er wirklich hörte: „Was willst du wissen? Stelle mir die richtigen Fragen. Solche Fragen, die eines zukünftigen Königs angemessen sind! Was brauchst du?"

Der Prinz wäre jetzt am liebsten davongelaufen, aber ein unerklärlicher Energiestrom der Ruhe und Zuversicht ließ ihn vertrauen. Er formulierte vorsichtig seine erste Frage: „Was ist ein Konflikt?"

Unterschiedliche Meinungen oder Auffassungen, wie man z. B. ein Problem am besten löst, sind noch kein Konflikt, es herrschen höchstens Differenzen; erst die Art, wie mit den Differenzen umgegangen wird, entscheidet darüber, ob ein Konflikt entsteht.

Ausschlaggebend ist dabei das subjektive Erleben und nicht ein objektiv vorhandener Streitpunkt.

Die Ziele können durchaus objektiv miteinander vereinbar sein, doch wenn eine Partei meint, sich mit der anderen im Interessengegensatz zu befinden, und entsprechend handelt, kann es zum Konflikt kommen.

Von einem Konflikt spricht man erst, wenn eine Seite versucht, der anderen Seite ihre Auffassung, ihre Vorgehensweise oder ihre Interessen aufzudrängen oder ihre Auffassung gegen die andere Seite durchzusetzen, z. B. auch, indem Druck ausgeübt wird, bis hin, dass direkte Drohungen ausgesprochen werden.

Ein Konflikt setzt also voraus, dass Handlungen eine Seite beeinträchtigen, die eigenen Vorstellungen oder Absichten zu verwirklichen.

Scheinbar oder tatsächlich unvereinbare Ziele und Interessen sollen durchgesetzt werden, und beide sind sich dabei über ihre Gegnerschaft bewusst.

Eine weitere Voraussetzung, um von einem Konflikt reden zu können, besteht darin, dass die Parteien in einer Art Abhängigkeitsverhältnis zueinander stehen.

„Und gibt es auch Unterschiede?"

Je nachdem, welcher Konflikt im Vordergrund steht, lassen sich folgende Konfliktarten unterscheiden:

In der Praxis ist es bei Konfliktlösungen hilfreich, den bestehenden Konflikt zu analysieren, um das Verhalten der Beteiligten besser verstehen zu können.

Interessanterweise überschneiden sich oft die **Konfliktfelder**; dann ist es empfehlenswert, sich Schicht für Schicht, einem Archäologen gleich, voranzuarbeiten.

Also, welches ist die rationale (die Sache), die emotionale (die Personen und Gefühle) und die soziale Ebene (die Beziehung der Konfliktparteien untereinander) hinter einem Konflikt? …!

Beurteilungskonflikt
Man ist sich einig über das Ziel, aber nicht über den Weg dorthin.

Man hat also verschiedene Auffassungen über den richtigen Weg zum Ziel.

Verteilungskonflikt
Das Ziel ist klar, aber begrenzte Ressourcen müssen verteilt werden.

Bewertungskonflikt/Wertekonflikt
Wertekonflikte entstehen, wenn gegensätzliche oder vermeintlich unvereinbare Denk- oder Verhaltensweisen aufeinandertreffen. Dies können offen vertretene oder unbewusst verfolgte Grundsätze, Ideologien oder Prinzipien sein.
Dies erleben wir häufig im politischen oder interkulturellen bzw. religiösen Umfeld.

Beziehungskonflikt
Es sind eigentlich soziale Konflikte, ausgelöst durch mangelnde gegenseitige Wertschätzung, durch Antipathie, Vorurteile ...
Dazu gehört auch der Rollenkonflikt:
Sie entstehen durch widersprüchliche Erwartungen an die Rolle einer Person. Es bestehen also unterschiedliche Beziehungserwartungen, d. h., wenn die Erwartungen anderer an eine Person unvereinbar mit deren Grundüberzeugungen sind.

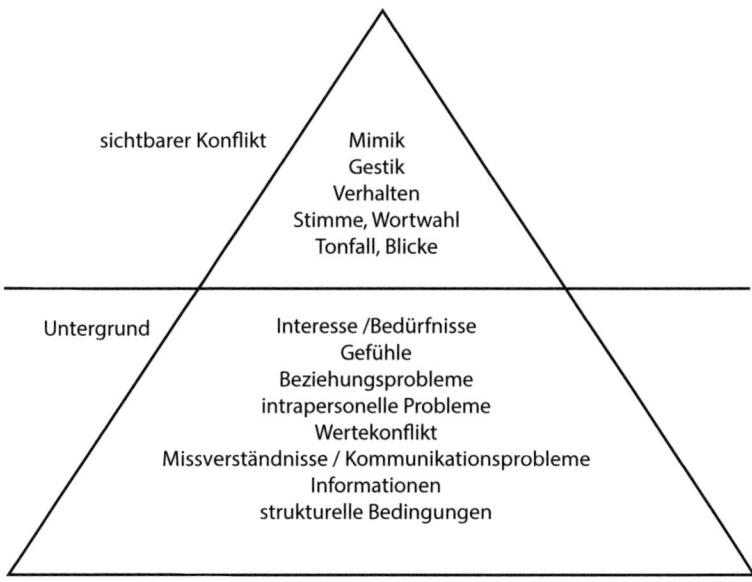

„Und was mache ich, wenn ich eine spannungsreiche Situation beobachte?"

Du analysierst die Situationen bezüglich …
- Wo sind Übereinstimmungen (Thema/Anschauung …)?
- Wo stellst du gegensätzliche Auffassungen fest?
- Welches Konfliktfeld könnte berührt sein?

UND zusätzlich versuchst du noch folgende Fragen zu klären:
- Wie ist der Konflikt entstanden? Und wann?
- Geht es immer um die gleichen Themen oder hat sich etwas verschoben?
- Höre dir beide Versionen an!! Wer interpretiert was wie?
- Gab es im Vorfeld schon Versuche, Lösungen zu finden?
- Welche Interessen haben beide, dass es funktioniert bzw. nicht funktioniert?
- Brauchen wir externe Hilfe? Vermittler?
- Auf welcher Konflikteskalationsstufe befinden wir uns?

Eins: Die Kontrahenten diskutieren über eine Lösung. Die eigenen Realitäten werden jedoch unterschiedlich wahrgenommen. Bald werden sich die Standpunkte polarisieren.

Zwei: Fehlinterpretationen lösen Gegenreaktionen aus. Es wird versucht, vollendete Tatsachen zu schaffen.

Drei: Jetzt wird der Gegner in eine Negativposition hineinmanövriert. Parteigänger finden sich, die Gerüchteküche brodelt. Die Lager spalten sich in Freund – Feind. Kontakte untereinander werden unmöglich, weil sonst ein Gesichtsverlust droht.

Vier: Es folgen Drohungen und irrationales Verhalten, jeder traut dem anderen alles zu. Selbst Verluste werden als Teilsiege verbucht. Bis schließlich und endlich die Abwärtsspirale alle in den Abgrund reißt.

„Ja, aber ... wieso reagieren wir Menschen so seltsam, wenn sich ein Konflikt abzeichnet?"
Und wieder erschien gleich die einleuchtende Erklärung:
Kennst du die satirische Kurzgeschichte „Nicht alles gefallen lassen"?

Hier wird eine an sich harmlose Situation nach kürzester Zeit als Kampfsituation wahrgenommen. Der eigene Sieg war nur noch durch Verluste der Gegenseite zu erreichen. Dumm nur, dass die Gegenseite die gleiche Einstellung hat. Frei nach dem Motto: „Gemeinsam in den Abgrund!", schaukeln sich die Aktionen und Reaktionen hoch. Noch eindrucksvoller wird dieses Verhalten in dem amerikanischen Kinofilm „Der Rosenkrieg" sichtbar.

Sicherlich erscheinen solche Geschichten etwas übertrieben, aber leider ist es in der Realität doch sehr ähnlich. Meist werden Konflikte noch dadurch forciert, dass Rahmenbedingungen wie Sachfragen, Planung, Zuständigkeiten und Ressourcen nicht eindeutig geklärt sind.

Mein Sieg lässt sich nur über Niederlagen des Gegners realisieren. Dieses Nullsummenspiel ist weit verbreitet. Der eigene Vorteil wird durch immer intensiveren Einsatz oder striktes Beharren auf der eigenen Position betoniert. Selbst wenn man rational/neutral schon längst die Misserfolge sieht.

Tragischerweise schränkt dieses Verhalten die Wahrnehmungs- und Entscheidungsfähigkeit immer mehr ein. Dies geht so weit, bis wir, wie im Nebel, uns quasi in einem „psychologischen Nebel" (V. Birkenbihl) befinden. Unsere Wahrnehmung trübt sich immer weiter ein, wird immer einseitiger, wir reagieren nur zwanghaft. Denn die starken Aggressionen oder auch Angstgefühle führen zur vermehrten Ausschüttung von Stresshormonen, was in uns einen uralten Mechanismus auslöst: Die Großhirnaktivität, die für die rationale Denkfähigkeit zuständig ist, wird herabgesetzt, dafür übernimmt das Stammhirn, das menschheitsgeschichtlich gesehen in der Jäger-und-Sammler-Zeit überlebensnotwendig war, die Regie. Wahrnehmungen, die für den bevorstehenden Kampf, so gesehen, unwichtig sind, werden ausgeblendet. Es gilt nur noch Schwarz oder Weiß bzw. Freund oder Feind.

Es entsteht eine Einengung auf den Angreifer. Du nimmst nur noch ihn wahr, alles andere drumherum ist unwichtig, denn deine Priorität verschiebt sich hin zum reinen Überleben. Weg vom Weitwinkelsehen, was für schöne Orchideen direkt neben dem Tiger blühen, ob die Vögel zwitschern oder ob ein lauer Sommerwind durch die Bäume weht. Nichts ist jetzt wichtig, dein Fokus verengt sich.

Und zurück zu dir, heutzutage hast du folgende Optionen um dein seelisches Überleben erfolgreich abzusichern: a) Ich bin stark genug! Angriff! Oder b) Ich bin schwächer! Flucht! Oder c) Wenn die Flucht nicht mehr möglich ist: totstellen! Da ich hierbei aber das Adrenalin nicht abbauen kann, erzeugt das negativen Stress. Also: Solltest du merken, dass dein Blickfeld sich anfängt zu verengen, breche sofort die Situation ab, zum Beispiel mit einem: „Ich glaube, wir sollten das später in aller Ruhe besprechen!"

Jeder Konflikt hat das Potenzial, dass er eskaliert. Konflikte sind meist ganz klar strukturiert. Ein Wortgefecht, das immer lauter wird. Dann gibt es zwei verschiedene Arten, einen Konflikt auszutragen: mit Schreien, Brüllen, Toben oder mit Schweigen und eiskaltem Nichtmehrreden. Das sind typische Muster.

Der nächste Schritt ist, dass man möglichst viele Verbündete sucht, die sagen, dass der andere schlecht ist, man versucht den anderen schlechtzumachen. Da gibt es dann auch so Sätze wie: „Alle sagen über dich …" Oder: „Wir wissen eh alle schon …" Man verallgemeinert dann auch: Du bist der Schlechte, ich bin der Gute. Der Kollege wird immer mehr zum Feind. Dann kommen sachliche Übergriffe, es werden Gegenstände zerstört oder Schriftstücke, und wenn das alles nichts nützt, wird gedroht, im Extremfall kommt es sogar zu körperlichen Übergriffen.

„Sind Konflikte eigentlich grundsätzlich negativ zu sehen, also schädlich?"
Und wieder spürte der Prinz eher die Antwort, als dass er sie hörte.

Konflikte gehören zum Leben, zu jedem Zusammenleben.
Werden Konflikte als Kampfsituationen wahrgenommen, aktiviert sich relativ schnell eine innere Konfliktdynamik, die eine konstruktive Lösung nicht mehr möglich macht.

Da die negativen Aspekte eines Konflikts üblicherweise zuerst sichtbar werden und für Beunruhigung sorgen, wird oftmals versucht, sofort jede Unstimmigkeit zu überspielen. Dabei wird vergessen, dass Konflikte die Herausforderungen des Lebens sind!

Oft erleben wir, dass Konflikte eskalieren, aber in Konflikten liegt eigentlich auch eine positive Kraft. Wir beziehen Position, wählen die Herausforderung, was Teil unseres Lebens ist, aber auch ein Teil unserer Lebenskraft ausmacht. Deshalb kann es durchaus Sinn machen, Konflikte als Chance zu sehen.

Deshalb ist es interessant, beim nächsten sich anbahnenden Konflikt einmal nicht so sehr auf die Worte zu achten, sondern die Spannungssituation erst einmal zu beobachten,
z. B. mit diesen Fragen:
Welche Standpunkte haben sich gezeigt?
Was davon ist neu?
Welche Streitpunkte kamen überraschend?
Was wurde im Streit besonders hervorgehoben?

So können sich folgende positiven Konsequenzen aus einer Konfliktsituation ergeben: Ein gutes Konfliktmanagement sollte diese positiven Aspekte zum Tragen bringen. Werden Konflikte erfolgreich durchgestanden, bearbeitet und beigelegt, gehen die Konfliktparteien gestärkt aus den Problemen hervor, der Zusammenhalt der Gruppe wird gestärkt. Sie wird sogar in der Regel ein besonders leistungsfähiges Team.

Wenn Menschen die Herausforderung eines Konflikts annehmen können, haben sie die Chance, zu lernen, sich zu verbessern und zu entwickeln. Oftmals ist die Angst vor Konflikten einfach nur eine verdeckte Angst vor Veränderungen.

Wer vermeidet, sich auf schwierige Herausforderungen einzulassen, bleibt sich selbst etwas schuldig. Nehmen wir einen Konflikt, und sei er noch so klein, nicht an, kommt er üblicherweise in ähnlicher Form, aber diesmal etwas stärker, zurück. Wir kehren etwas unter den Teppich, und dann wieder und wieder … Eine erstaunliche Stolperfalle entsteht, und du weißt dann gar nicht mehr, wo anfangen!?

Oft sind es dann Krankheitssymptome, die uns auf solche ungelösten Konflikte hinweisen.

Die Alltagssprache gibt uns viele Hinweise auf unsere Weigerung, sich einem Konflikt zu stellen.

Darauf könnten beispielsweise folgende Zipperlein Hinweise geben:

Du hast schwer an einer Bemerkung eines Kollegen zu kauen, eine Nachricht ist schwer verdaulich und … … dein Magen rebelliert.

Diese Beurteilung ist schwer zu schlucken … und du bekommst vielleicht Halsschmerzen.

Wie oft hast du schon gesagt: „Ich hab die Nase voll!" Oder: „Dem huste ich was!" Na, was meintest du eigentlich???

Und noch eine Aufgabe, noch ein Projekt … und was du dir alles sonst noch aufladen (lässt). Was sagt dein Rücken dazu??

Prüfungsangst oder Lampenfieber haben auch entsprechende Wirkungen, im Wortwörtlichen: „Davor habe ich Schiss!!"
Eine Beziehung geht in die Brüche … „Du brichst mir das Herz!"

„Was kennst du noch? Was sind deine Felder, Prinz, denen du ausweichst?"

Schnell fasste der Prinz zusammen. Also:
„Wir weichen Konflikten gerne aus, das Thema bleibt „offen" und stellt sich früher oder später erneut.
Am einfachsten ist, sich einem Konfliktthema bei der ersten Begegnung zu stellen und die Lösung zu erarbeiten.
Das bedeutete, ich muss …
… die Herausforderung des Konflikts annehmen,
… die Notwendigkeit akzeptieren, dass Entscheidungen auch wehtun,
… und sehen, dass in leidvollen Erfahrungen auch Lernchancen liegen.
Jeder Konflikt bringt mich also meinem eigentlichen Seelenauftrag näher.
Da fällt mir ein: Kennst du eigentlich das Gedicht von Hermann Hesse, das irgendwie anfängt mit: Das Leben, das ich selbst gewählt …? Da geht es um eine Seele, der im Himmel ihr neues Leben gezeigt wird, mit all den Freuden, dem Glück, aber auch dem Schmerz und den Entbehrungen. Das ist doch echt genial, oder?"
Eine Welle warmen Lichts traf den Prinzen, und, ja, ER kannte das Gedicht.

5. Führung oder Verführung

"Liebst du deine Untertanen, deine Mitmenschen, deine Familie, dich selbst?"

Jetzt blinzelte der Prinz erst einmal verwirrt. Was für ein Gedankensprung!
Aber ja, wie soll er jemals führen – regieren –, wenn er kein System erschaffen könnte, dem seine Landeskinder gerne angehören wollten. Wie Menschen führen, ohne sie zu mögen? Das ist doch unmöglich!
Wo bliebe dann die Hoffnung?

Wie von selbst, wie von Nebeln befreit, erschienen vor ihm die drei uralten Schicksalstypen, die ihn überzeugen wollten, so wie sie zu werden:

Streng und unerbittlich in seinem Auftreten, grau und mit stählernem Blick: Autoritas.

Monsieur Laissezfaire: leicht und locker, mit runder Nickelbrille und schulterlangen lockigen Haaren.

Und dann: mit strahlendem Lächeln, der partnerschaftlich orientierte Demokratus.

"Entscheide dich: Wer willst du sein?"

Eigentlich war es dem Prinzen nicht ganz wohl dabei, lieber wollte er, er selbst sein. Er hätte, der Situation folgend, immer wieder neu entscheiden können, wann er mit wem wie umgehen sollte. Er wollte nicht alle gleich behandeln, sondern fair. Wichtig sind doch neben der Fairnesskompetenz, d. h. Klarheit und Transparenz von „Spielregeln", die für alle gelten, Empathie und Authentizität.

Vor allem war er doch keiner, der in seinen Untertanen nur das Schlechte sehen wollte, so wie sein desillusionierter Großgroßonkel Georgorix. Dieser war tatsächlich der Meinung, jedem Menschen sei ein Widerwillen gegen Arbeit angeboren und meide sie deshalb. Verantwortung, Ehrgeiz, Engagement seien „Fremdworte" für ihn. Folglich müssten jene angeleitet , sogar mit Strafandrohungen gezwungen werden, aktiv zu werden.

NEIN, so wollte der Prinz nicht werden, denn qualifiziere ich einen als leistungsschwach ab, dann verhält er sich auch dementsprechend, unbeschadet seiner tatsächlichen Fähigkeiten.

Lieber wollte er versuchen, wie der optimistische Großcousin Gregory von den Y-Inseln zu herrschen. Dort geht man davon aus, dass Arbeit als Quelle der Zufriedenheit empfunden wird. Arbeit bedeute für alle Identität und Selbstbestätigung. Aufgaben, mit denen man sich identifiziere, werden quasi von alleine erledigt. Denn: Strafe ist kein Mittel, um bestimmte Ziele durchzusetzen. Wenn der Mensch den gesteckten Zielen sich verpflichtet fühle, sich damit identifizieren könne, übernehme er freiwillig Verantwortung, entwickle er Eigeninitiative. Dies setze ein kreatives Potential frei, keiner arbeitet mehr unter selbstzerstörerischen Bedingungen, sondern folgt seiner Herzenergie. Er nimmt die Herausforderungen in seinem Leben an und sucht nach Wegen das Leben aller noch fröhlicher, praktikabler, ja besser zu machen.

Fazit: Behandle die Menschen, wie sie sind, und sie werden schlechter. Behandle Menschen, wie sie sein könnten, und sie werden besser.

„Außerdem braucht es doch auch noch Vertrauen!"

Vertrauen? Was steckt nicht alles in diesem kleinen Wort: vertrauenswürdig sein, sich trauen, sich zu trauen, jemandem etwas zutrauen, jemandem vertrauen, sich anvertrauen, Gottvertrauen, Gott vertrauen.

Dazu gehört auch Mut, Ehrlichkeit und Aufrichtigkeit, Glaubwürdigkeit, Berechenbarkeit.

Das Interessante am Vertrauen ist, dass es nicht messbar ist. Man muss glauben, dass das Vertrauen, das ich jemandem schenke, gerechtfertigt ist. Was mich in dem Moment auch verwundbar macht. Ich gebe einen Vertrauensvorschuss, ich verknüpfe mein Schicksal mit dem eines anderen. Nichts wirkt so stark, so motivierend, so selbstbewusstseinsfördernd wie das Vertrauen, das ich ihm entgegengebracht habe.

„Nun dann, überlege dir einmal: Welche positiven Führungseigenschaften hast du schon bei deinem Vater, dem König, oder deiner Mutter, der Königin, beobachtet? Und welche Führungseigenschaft(en) würdest du dir zusätzlich wünschen?"

„Hm, mal überlegen ... ja, genau ... das und das ... und jenes ... und ... und ..."

Eine riesige persönliche Liste entstand, auf der u. a. auch die Oberbegriffe Kommunikationsfähigkeit, Konfliktfähigkeit, Begeisterungs-/Motivationsfähigkeit, interkulturelle Fähigkeiten, Empathie, Kreativität in Problemlösung, Belastungsfähigkeit/Stressresistenz und Fähigkeit zu ganzheitlichem, nachhaltigem Denken und Handeln standen.

„Oh! Genial! Das ist ja eine nette Überlegung, jetzt weiß ich es, ganz genau so möchte ich mal sein ..."

Ja, und eines wusste der Prinz sicher: Genau wie das Radfahren oder Reiten würde er das Führen sicher nicht aus allen Bibliotheken der Welt sich erlesen können, nein, sicher gab es viele Fahrradtypen oder die verschiedensten Pferde, und immer wieder musste er neu entscheiden, welches gerade passt, und musste üben, üben, üben …

Führen lernt man nicht durch Lesen, sondern durch Tun!

Es ist kein fertiges Kunstwerk, sondern ein immerwährender Veränderungsprozess.

Denn, ob eine neue Idee funktioniert oder nicht, kann man unmöglich nach dem ersten Versuch sagen.

„Je realistischer meine Führungs-Trainings-Einheiten und -Ziele, desto größer wird der Erfolg! Ich trainiere meine Menschenführungs-Fertigkeiten durch Wiederholungen, am besten täglich!

Ich konzentriere mich auf das, was ich schon kann; demotiviere mich nicht durch zu starke Fokussierung auf das, was ich noch nicht (so gut) kann. Denn die meisten Menschen scheitern nicht, sie geben auf! Ja, auch kleine Erfolge werden gefeiert.

Trotz allem Anfangsenthusiasmus verzettle ich mich nicht. Mal überlegen, was ist mein aktuelles Führungskompetenz-Trainingsziel …? …!

Ja, und unbedingt muss ich die sogenannte negative self-fulfilling prophecy vermeiden! Fortan formuliere ich nur noch Sätze mit positiver Grundaussage und reduziere alle negativ besetzten Wörter.

Denn, wie heißt es so schön im Talmud:

Achte auf deine Gefühle, denn sie werden zu Gedanken!
Achte auf deine Gedanken, denn sie werden Worte!
Achte auf deine Worte, denn sie werden zu Handlungen!
Achte auf deine Handlungen, denn sie werden
zu deinen Gewohnheiten!
Achte auf deine Gewohnheiten, denn sie werden dein Charakter!
Achte auf deinen Charakter, denn er wird dein Schicksal!"

So beschloss er, seinen Vater um eine Auszeit zu bitten, um ein, zwei Praxissemester machen zu dürfen. Er hatte nämlich in einer seiner Technikzeitschriften eben noch gelesen, dass Praktikanten gesucht würden. In einer Fabrik mit einer riesengroßen Maschine, die so groß war, dass du Leitern brauchst, um daran hochzuklettern.

Sie faucht und schnauft wie ein hungriger Drache, furchterregend glänzt ihre metallische Haut …

Um aber richtig gut den Maschinendrachen zu überlisten oder gar zähmen, ihn dazu zu bringen, das zu tun, was man will, wird man allein etwa zehn der besten Ritter und Knappen brauchen, einen eingespielten Trupp von Gefolgsleuten, die zu einem stehen …

Und wie in allen guten Märchen gibt's natürlich auch ein Happy End:

Der unerschrockene Prinz wurde erst Praktikant und bald schon der Maschinenflüsterer.

Ja klar, seine Prinzessin hat ihn auch bekommen.

Stolz regiert er weise und gerecht in seinem Königreich, und wenn er Zeit und Muse hat, reiten sie gemeinsam auf seinem weißen Ross in den Sonnenuntergang. Und sind glücklich und zufrieden bis ans Ende aller Tage.

6. Literaturempfehlungen

Glasl, Friedrich: Konfliktmanagement. Ein Handbuch für Führungskräfte und Berater. Bern/Stuttgart, 2. Auflage, 1990.

Grundl, Boris: „Leading Simple. Führen kann so einfach sein." Gabal Verlag, Offenbach 2007.

Hermann Hesse: „Das Leben, das ich selbst gewählt" (Gedicht)

Institut für Friedenspädagogik Tübingen e. V., www.friedenspaedagogik.de

Lehky, Maren: Die 10 größten Führungsfehler – und wie Sie sie vermeiden. Campus Verlag, Ffm/NY 2009.

Molcho, Samy: diverse Titel zum Thema Körpersprache

Reinhart, Paula: Starke Frauen, sanfte Herzen. Brunnen Verlag, Basel, 2004.

Rosenberg, Marshall B.: Gewaltfreie Kommunikation. Eine Sprache des Lebens. Junfermann Verlag, Paderborn, 2010.

Sprenger, Reinhard K.: diverse Titel zum Thema Motivation/Führung

Wolf, Notker/Enrica, Rosanna: Die Kunst, Menschen zu führen. Rowohlt Taschenbuch Verlag, Hamburg, 2. Auflage, 2007.

Zwerenz, Gerhard: „Nicht alles gefallen lassen" (Kurzgeschichte zur Konflikteskalation)